AF345350

CATALOGUE

DES LIVRES

COMPOSANT LA BIBLIOTHÈQUE

DE M. FAUCONNIER.

AVIS.

Il y aura chaque jour, de midi à trois heures, exposition des Livres qui devront être vendus le soir.

Les Livres vendus devront être collationnés sur place dans les 24 heures de l'adjudication. Passé ce délai, ou une fois sortis de la salle de vente, ils ne seront repris pour aucune cause.

Les articles au-dessous de 12 fr. ne seront admis à rapport que dans le cas où ils seraient incomplets par enlèvement de feuillets ou fragmens de feuillets atteignant le texte; ils ne seront pas repris pour taches, mouillures, déchirures, piqûres, ou autres défectuosités.

On vendra dans chaque séance un grand nombre de bons Ouvrages que le temps n'a pas permis d'insérer dans le Catalogue.

SOUS PRESSE :

Les Catalogues des Bibliothèques de

MM. Perrin de Sanson.

Klaproth, orientaliste.

A. PIHAN DE LA FOREST,
IMPRIMEUR DE LA COUR DE CASSATION,
Rue des Noyers, nᵒ 37.

CATALOGUE
DES LIVRES

LA PLUPART RICHEMENT RELIÉS

PAR BOZÉRIAN, THOUVENIN, SIMIER, PURGOLD,
BIBOLET, CARROLL, DOLL, ETC.,

COMPOSANT LA BIBLIOTHÈQUE

DE M. FAUCONNIER,

DONT LA VENTE

Se fera le Vendredi 8 Avril 1836, et Jours suivans,
six heures de relevée,

MAISON SILVESTRE,

RUE DES BONS-ENFANS, N° 30,

Par le ministère de M. DRÉAN, Commissaire-priseur,
rue Laffitte, n° 5.

*Les Acquéreurs paieront, en sus du prix d'adjudication,
5 centimes par franc, applicables aux frais.*

A PARIS,
CHEZ MERLIN, LIBRAIRE,

QUAI DES AUGUSTINS. N° 7.

1836

Un simple coup d'œil jeté sur ce Catalogue, suffira pour
faire apprécier la bibliothèque de M. Fauconnier. Ce n'est pas
un de ces cabinets de curiosités stériles pour la science, comme
la mode en forme tant depuis quelques années; c'est une bibliothèque d'étude, où la science, la bonne littérature et l'éru-
dition se donnent la main et se présentent, chose assez rare,
sous ces habits toujours propres, souvent élégans et parfois
d'une richesse remarquable. Au choix des ouvrages et de leurs
éditions, à leur bonne conservation intérieure, et à l'élégance
des reliûres, on reconnaîtra que le propriétaire traitait ses livres
comme ses amis, et que s'il se montrait sévère dans leur choix,
il n'épargnait rien pour leur faire honneur, en reconnaissance
des services qu'il en recevait.

Nous signalerons spécialement quelques ouvrages aux amateurs qui n'ont pas le temps de lire un catalogue dans tous ses
détails; nous leur citerons :

Dans la Théologie : la Bible, en malai (n° 13); le Nouveau
Testament, en chinois (18); les Évangiles, en langage d'Otahiti (19); le Zend Avesta (34).

Dans les Sciences : les ouvrages d'économie politique de
Ganilh, Godwin, Malthus, Ricardo, Say, Sismondi, Smith,
Stewart, etc., etc., compris sous les n°s 115 à 159; la Physique
de M. Biot, *rare* (157); l'Histoire Naturelle du Brésil, du
prince Maximilien (196); les Ossemens fossiles, de Cuvier

(199); la précieuse collection d'Échantillons minéralogiques
formée par Héron de Villefosse pour Mme Berthier (211); le
petit Traité de Dutens, sur les pierres précieuses, *rare* (213);
Flora Cochinchinensis (231); Horsfield's Zoological researches
in Java (247); Azara, historia natural del Paraguay (248); les
Mammifères, par MM. Geoffroy St-Hilaire et Cuvier, in-fol., fig.
color. (250); Lewin's Birds, and lepidopterous insects of New
South Wales (256 et 290); Kirby's and Spence's introduction
to entomologie (271); Entomologie d'Olivier (272); Kollar,
Monographia chlamydum, 1821, in-fol., fig. color. (279);
Martyn's english entomologist (281); les Papillons d'Europe,
par Bockhausen (294); et tous les autres ouvrages d'histoire
naturelle, et spécialement d'entomologie compris entre les
n°s 241 à 295; les ouvrages sur les logarithmes, par Néper, leur
inventeur, éditions originales, *rarissimes* (1616 et 1647); Turnbull's treatise of ancient painting, gr. pap., dont on n'a tiré
que 120 exemp. (378); le Jupiter Olympien, par M. Quatremère (379); l'Essai sur l'architecture des Chinois, par Déla-
tour, *rare* (389); l'Isographie (402).

Dans les BELLES-LETTRES, la Grammaire et le Dictionnaire
chinois, de Morirson (414 et 416); la Grammaire et le Dictionnaire malais, de Marsden (1620 et 1621); les Ouvrages
sur la langue celtique (443 à 449); la jolie collection des
romans historiques publiés par M. Delaborde, mar. rouge
(522); Gilblas, Boileau, Corneille et Racine, des belles éditions de Lefèvre (526, 667, 813, 814); les romans et les
poésies de Walter-Scott, en anglais, éditions d'Edimbourg
(549 et 790); Rabelais, édition de Dalibon, gr. pap., fig.
avant la lettre (562); Poetæ minores, ed. Wernsdorf (579);
Catulle d'Alde, 1502 (583); Virgile de Knapton, in-8 (587);
le Virgile et l'Horace de Didot, in-fol. (588 et 601); le Virgile et l'Ovide de Burmann, 4 vol. in-4, vél. (592 et 612);
le Virgile et l'Horace, de Pickering, charmantes éditions de
Londres format in-64 (591 et 602); l'Horace de Pine, 1er tirage (600); l'Horace, *Elzev.*, 1676 (603); les Lettres d'Horace,
manuscrit de la main du prince Louis-Joseph de Bourbon Condé

(610); le Roman du Renard, et le Roman de la Rose , éditions de Méon (636 et 638); le Boileau , de Saint-Surin, pap. vél. (668); la Henriade, fig., d'Hor. Vernet, et de Mauzaise, in-fol. (696); les Fables de La Fontaine, avec les figures, d'Oudry, très bel exemplaire , mar. vert (719); d'autres avec les figures de Fessart (721); avec les figures de Coiny (722), etc.; un Recueil de Chansons, critiques et historiques, 8 vol. in-fol., *manuscrits* (754); Obras de Camoens (768); les Œuvres des poètes anglais, de Johnson (772); Ossian, de Sinclair (774); J.-J. Rousseau, édit. de Poinsot, pap. vél. , fig. avant la lettre, mar. r. (865); Voltaire, de Renouard, gr. pap. vél. , fig. avant la lettre, demi-rel., dos de mar. (867); Tressan, 1823, gr. pap. vél. , fig., sur pap. de Chine (870); les Œuvres de Johnson (890); de W. Jones (892), etc.

Dans l'HISTOIRE, beaucoup de bons ouvrages sur la géographie ancienne et moderne, dont : Gosselin (918), Martyn's Geographical magazine (961), et Trusler's the habitable world (962); les Fastes universels, de Buret de Longchamps (1035); le Tite-Live de Drakenborch, in-4 (1078); le Saluste, d'Havercamp, le César, d'Oudendorp, le Tacite, de Brotier (1085, 1093, 1105); la précieuse collection archéologique formée par l'abbé de Tersan (1115); Gruteri inscriptiones (1122); Winckelman, trad. de Jansen (1128); la collection d'empreintes de pierres gravées (1138); Gallia Christiana (1183), Hénault, Comines, Brantome (1177, 1190, 1210); le Recueil de pièces sur l'Histoire de France, de 1565 à 1631 (1199); les Statistiques de provinces (1255 à 1260); les ducs de Bourgogne, de M. de Barante (1297); les grandes histoires de Bourgogne, de Lorraine, de Languedoc, de Bretagne (1299, 1293, 1326, 1348, 1349 et 1350), et toute la série des histoires des provinces et villes de France , comprise entre les n°⁵ 1255 à 1364; les républiques italiennes, de M. Sismondi (1372); l'Histoire de l'Espagne de Masdeu (1400); les Saga, des n°⁵ 1432 à 1435 ; l'Histoire de l'Hindoustan, de Dow (1456); the Asiatic Journal, tom. 1-16, 1816-dec. 1825 (1570), etc., etc.

Tous ces livres sont très bien conservés; la plupart sont revêtus de riches et élégantes reliûres.

Nous omettons encore un grand nombre d'ouvrages qui ne mériteraient pas moins de figurer dans cette énumération ; mais elle deviendrait trop longue, et ce que nous citons suffira pour prouver aux amateurs que cette bibliothèque ne peut être confondue avec toutes ces collections sans intérêt qui viennent se disperser chaque année dans les salles de vente.

CATALOGUE
DES LIVRES

COMPOSANT LA BIBLIOTHÈQUE

DE FEU M. FAUCONNIER.

THÉOLOGIE.

1. Démonstration de l'existence de Dieu (par Fénelon). *Paris*, 1713, in-12, v. f. — De l'existence et des attributs de Dieu, par Clarke, tr. de l'angl. par Ricottier. *Amst.*, 1717, in-12, 2 tom. en 1 vol., v. br. — Théologie des insectes ou Démonstration des perfections de Dieu dans tout ce qui concerne les insectes, trad. de l'allem. de Lesser, avec des remarq. de Lyonnet. *Paris*, 1745, in-8, fig., bas.
2. Essais de Theodicée par Leibnitz, éd. augm. par le ch^{er} de Jaucourt. *Amst.*, 1747, pet. in-8, 2 vol., v. f., fil., tr. dor.
3. Pensées de Leibnitz sur la religion et la morale. *Paris*, an xi, in-8, 2 vol., v. porph., fil.
4. Exposition de la doctrine de Leibnitz sur la religion, suivie de pensées extraites des ouvrages du même auteur, par Eymery. *Paris*, 1819, in-8, v. dent.
5. Dieu, la Nature et la Loi, par le ch^{er} d'Esquiron de Saint-Agnan. *Paris*, 1814, in-8, 2 vol., d.-rel. d. de v.
6. Bienfaits de la religion chrétienne, trad. de l'angl. d'Ed. Ryan par Boulard. *Paris*, 1825, in-8, d.-rel., d. de v.
7. A help to the study of the scriptures : or a new and complete history of the holy Bible. *London*, 1762, pet. in-8, fig., v. éc., fil. — Histoire des traductions franç. de l'Ecriture Sainte tant manuscrites qu'imprimées. *Paris*, 1672. = La vie de M. Bouray, prêtre. *Paris*, 1714, in-12, v. br.
8. Dictionnaire de la Bible, par dom Calmet. *Paris*, 1722, in-fol., fig., 2 vol., v. f. — Supplément; 1727, in-fol., fig., 2 tom. en 1 vol., v. br.

9. Dictionnaire géographique de la Bible, par Barbié du Bocage. *Paris, Crapelet*, 1824, in-8, gr. pap. vél., br.

10. Biblia hebraica : eorumdem latina interpretatio Xantis Pagnini, Bened. Ariæ Montani et quorumdam alior. ad hebraicam dictionem expressa, accesser. libri græcè scripti, qui vocantur apocryphi, cum interlineari interpret. latina. *Aur.-Allobrog.*, 1609, in-fol., v. f.

11. La sainte Bible en latin et en françois, avec des notes littérales et la concorde des quatre évangélistes; par Le Maistre de Saci. *Paris, Desprez*, 1717, in-fol., 4 vol., v. gr., tr. dor.

12. The holy Bible. *Edinburgh*, 1789, pet. in-12, 2 vol., v. rac. dent., tr. dor.

13. Bible en langue malaise. 1821, in-8, v. gr.

14. Psalterium Davidis et libri sapientiales (lat.). *Lugd.-Bat., Jos. et Dan. Elzev.*, 1653, pet. in-12, mar. noir, fil., tr. dor.

15. Dissertation sur les psaumes trad. du lat. de Bossuet, et accomp. de notes par M. M. N. S. Guillon. *Paris*, 1822, in-8, d.-rel., dos de v.

16. Traduction nouv. du livre de Job (par M. de Genoude). *Paris*, 1818, in-8, v. bl. fil. *Doll.*

17. Jonas propheta, æthiopicè (edid. J. J. Marcel). *Lutetiæ-Parisior.*, 1802, pet. in-8, parch.

18. The New Testament in chinese; *printed at Serampore with metallic moveable characters.* 1815-1822, gr. in-8, br.

19. Les évangiles de S. Jean et de S. Mathieu trad. en langue otahitienne. *Otahiti*, 1820, in-8, v. gr., fil.

20. Fragmenta quædam Caroli Magni aliorumque incerti nominis de veteris ecclesiæ ritibus ac ceremoniis, à Wolfgango Lazio, adject. est opus Rabani Mauri, de virtutibus, vitiis ac ceremoniis ejusd. antiq. ecclesiæ. *Antuerpiæ*, 1560, pet. in-8, vél.

21. Di S. Giovane Crisostomo del sacerdozio libri VI (gr. et ital.), volgarizzati e con annotazioni illustrati. *Roma*, 1757, in-4, v. m., fil. — Les confessions de Saint Augustin, trad. par Dubois. *Paris*, 1743, in-12, v. br.

22. Sermon de F. Olivier Maillard, presché à Bruges en 1500, et aultres pièces du mesme auteur, avec une notice par M. Jehan Labouderie. *Paris, Farcy*, 1826, in-8, pap. vél., br.

23. Sermons de Massillon. *Paris*, 1752, in-12, 13 vol., v. m.

24. Petit carême de Massillon. *Paris, Didot, a.*, 1812, in-8, pap. vél., mar. citr. dent., tr. dor., doublé de moire bl. *Simier.*

25. Th. a Kempis de imitatione Christi libri IV. *Lugd.-Bat.*, *ex off. Elzev.*, 1658, pet. in-12, mar. r., fil., tr. dor.

26. Imitation de Jésus-Christ, tr. par Beauzée, avec une notice histor. et des notes par M. l'abbé de Labouderie. *Paris, Ch. Gosselin*, 1824, in-8, gr. pap. vél., v. fil. à nerfs.

27. De Imitatione Christi lib. IV, in græcum versi, interprete P. G. Mayr. *Paris*, 1824, in-18, br. — Dell' Imitatione di Christo di Tomaso di Kempis, con la vita dell' autore dal P. Faraudi. *Parigi*, 1645, in-24, v. br.

28. De l'imposture et tromperie des diables, devins, enchanteurs, sorciers, etc., par P. Massé. *Paris*, 1579.==Déclamation contre l'erreur exécrable des maléficiers, sorciers, enchanteurs, etc., par F. P. Nodé, etc. *Paris*, 1578, in-8, d.-r., dos de v. — Bened. Pererii adversus fallaces et superstitiosas artes, id est, de magia, de observatione somniorum, et de divinatione astrologica libri III. *Lugduni*, 1603, in-8, vél.

29. Les Provinciales (par Pascal) trad. en latin par Guil. Wendrock (Nicole); en espagnol, par Grat. Cordero et en italien, par Cossino Brunetti. *Cologne*, 1684, in-8, mar. bl., dent., tr. dor.

30. Apologie pour Hérodote ou Traité de la conformité des merveilles anciennes avec les modernes, par Henri Estienne, avec des remarques par Leduchat. *La Haye*, 1735, pet. in-8, 3 vol., d.-rel., dos de mar. bl., n. rog. *Thouvenin.*

31. Le jubilé de l'an 1700, publié par la bulle d'Innocent XIII, du 28 mars 1699, ou Considérat. sur cette bulle pour montrer l'abus des jubilés. *Amst.*, 1701, pet. in-4, fig., v. f., fil.

32. L'Alcoran, en arabe; pet. in-4, mar. r. dans un étui. *Manuscrit venu d'Alger.*

33. Rituel des Tartares-Mantchoux, trad. avec le texte en regard, par Langlès. *Paris, Imp. de la Rép.*, 1812, in-4, br. en cart.

34. Le Zend-Avesta de Zoroastre, trad. en franç., avec des remarques par Anquetil du Perron. *Paris*, 1771, in-4, fig., 3 vol., v. éc., fil.

35. Exposé de quelques-uns des principaux articles de la théogonie des Brames, par M. l'abbé Dubois. *Par.*, 1825, in-8, br.

SCIENCES ET ARTS.

1. GÉNÉRALITÉS. — SCIENCES PHILOSOPHIQUES ET MORALES.

36. Élémens des sciences et des arts littéraires, trad. de l'anglais de Benj. Martin (par Depuisieux). *Paris*, 1756, in-12, 5 vol., v. m.

37. Introduction à l'analyse des sciences, par Lancelin. *Paris*, an IX, in-8, 2 vol., v. rac., fil.

38. Histoire comparée des systèmes de philosophie, par M. de Gérando. *Paris*, an XII, in-8, 3 vol., v. rac., fil.

39. Bibliothèque des anciens philosophes, par Dacier. *Paris*, 1771, in-12, 11 vol., v. gr.

40. OEuvres complètes de Platon, trad. du grec, avec des notes, par Vict. Cousin. *Paris, Bossange*, 1822, in-8, tom. 1, 2, 3, br.

41. Hipparque, ou l'amour du gain, dialogue de Platon, tr. du grec, avec des notes. *Paris*, 1819, in-8, d.-rel. — Epicteti enchiridium, gr., curante J. B. Lefebvre de Villebrune. *Parisiis, Pierres*, 1682, in-16, v. v., fil., tr. dor.

42. Lælius seu de amicitia. Paradoxa. *Parisiis, Renouard*, 1796. == M. T. Ciceronis Cato major, seu de senectute. Somnium Scipionis. *Ib.*, 1796, in-18, pap. vél., v. f. dent., tr. dor.

43. L. Ann. Senecæ opera quæ exstant integris Justi Lipsii, J. Fred. Gronovii et selectis varior. commentar. illustrata. *Amstelod., Dan. Elzev.*, 1672, in-8, 3 vol., vél.

44. Selecta Senecæ philos. opera, in gall. versa, operâ et studio P. F. X. D. *Parisiis, Barbou*, 1764, in-12, v. rac. — — Traité des bienfaits de Sénèque, par Dureau de la Malle. *Paris*, 1776, in-12, bas. m.

45. Sev. Boethii consolationis philosophiæ libri V, anglo-saxonicè redditi ab Alfredo inclyto Anglo-Saxonum rege, edid. Christ. Hawlinson. *Oxoniæ*, 1698, gr. in-8, v. ant.

46. De Descartes : Discours de la méthode pour bien conduire sa raison; plus, la Dioptrique et les Météores, etc. *Paris*, 1668, 1 vol. — Les principes de la philosophie, tr. en franç. 1668, 1 vol. — Les Méditations métaphysiques. 1673, 1 vol. — L'Homme, avec remarq. de L. de la Forge, 1664, 1 vol., fig. — Lettres, 1667, 3 vol. Les 7 vol. in-4, v. br.

47. De la recherche de la vérité, par Malebranche. *Paris,* 1735, in-12, 4 vol., v. gr. fil.

48. Cours de philosophie générale, par Azaïs. *Paris,* 1824, in-8, 8 vol., d.-rel., dos de v.

49. Essais de Montaigne, avec les notes de Coste. *Londres,* 1771, pet. in-12, 10 vol., v. gr.

50. Les mêmes (publ. par Naigeon). *Paris, stéréotyp. de Didot A.,* 1802, in-12, 4 vol., v. rac.

51. Catéchisme universel et œuvres philosophiques de Saint-Lambert. *Paris, Agasse,* an VI-IX, in-8, 6 vol., v. rac.

52. Œuvres complètes de Vauvenargues. *Paris, Brière,* 1823, in-18, 2 vol., v. f., dent., fers à froid. *Thouvenin.*

53. Opere filosofiche del conte Pietro Verri. *Parigi, Molini,* 1784, in-8, v. rac., fil.

54. Œuvres philosophiques de Pauw. *Paris, Bastien,* an III, in-8, 7 vol., v. rac.

55. Essais philosophiques, par Adam Smith, avec sa vie, par Dugald Stewart, trad. de l'anglais par Prevost. *Paris,* an V, in-8, 2 vol., v. rac.

55 *bis.* A free inquiry into the nature an origin of Evil, in six letters with an additional preface and notes. *London,* 1775, pet. in-8, v. hr., fil. — Essays historical and moral by G. Gregory. *London,* 1785, in-8, v. rac., fil.

56. Philosophie de Kant, ou principes fondamentaux de la philosophie transcendentale, par Ch. Villers. *Metz,* 1801, in-8, v. rac., fil.

57. Rêveries sur la nature primitive de l'homme, par M. de Sénancour. *Paris,* an VIII, in-8, pap. vél., v. rac.

58. Rapports du physique et du moral de l'homme, par Cabanis. *Paris,* an X, in-8, 2 vol., v. rac., fil.

59. Essai sur l'histoire de l'espèce humaine, par M. Walckenaer. *Paris,* 1798, in-8, v. rac., dent.

60. Considérations sur l'homme, par Benj. Maublanc. *Paris,* an V, in-8, pap. vél., v. rac., fil.

61. Idées sur la philosophie de l'histoire de l'espèce humaine, par Herder. *Riga,* 1784, pet. in-4, 2 vol., v. rac., fil. (*En allemand*). — Sur l'histoire de l'espèce humaine, par Is. Iselin. *Carlsruhe,* 1791, in-8, 2 vol., d.-rel. (*En allemand.*)

62. Sketches of the history of man (by lord Kames). *Edinburgh,* 1787, in-8, 4 vol., v. f.

63. Des signes et de l'art de penser considérés dans leurs rap[port]

ports mutuels, par M. de Gérando. *Paris*, an VIII, in-8, 4 vol., v. rac., fil.

64. Recherches sur la nature et la distinction des idées, par L. A. Corancez. *Paris*, 1818. == Théorie de l'idéalisme, par Didymus. *Paris*, 1818, in-8, d.-rel., dos de v. — Lettres sur l'imagination, par Meister. *Paris*, an VII, in-8, v. rac., fil.

65. Remarks on scepticism, especially as it is connected with the subjects of organization and life, by Thom. Rennell. *London*, 1819, in-8, d.-rel. Simier.

66. Recherches philosophiques sur les premiers objets des connaissances morales, par M. de Bonald. *Paris, A. Leclerc*, 1818, in-8, 2 tom. en 1 vol., v. f., fil., dos à nerfs. Simier.

On a joint une lettre autographe de M. de Bonald.

67. De la morale naturelle. *Paris*, 1788, in-18, v. f., dent., tr. dor. — Principes de morale naturelle, par M. de Fortia. *Paris, Fournier*, 1834, in-12, br.

68. Institutes of moral philosophy, by Adam Fergusson. *Edinburgh*, 1785, in-12, v. rac., fil. — Leçons d'un père à son fils, par Duval. *Paris*, 1821, in-8, br.

69. Maximes et réflexions morales de Larochefoucault. *Paris, Didot A.*, 1796, in-18, pap. vél., mar. bl., dent., tr. dor., doublé de moire rose, dent. *Bozerian jeune*.

70. B. Franklin's essays. *London, J. Sharp*, 1820, in-18, pap. vél., 2 tom. en 1 vol., mar. bl., fil., tr. dor. *Simier fils*.

71. Œuvres de Franklin, trad. de l'angl. par Barbeu Dubourg. *Paris*, 1773, in-4, fig., 2 part. en 1 vol., v. m.

72. Maximes, préceptes et réflexions sur différens sujets de morale et de politique, par le duc de Lévis. *Paris, Ch. Gosselin*, 1825, in-32, pap. vél., v. ant. dent., fers à fr., tr. dor. *Brigandat*.

73. Olbie, ou essai sur les moyens de réformer les mœurs d'une nation, par J. B. Say. *Paris*, an VIII, in-8, d.-rel., dos de v.

74. Les causes du bonheur public, par l'abbé Gros de Besplas. *Paris*, 1774, in-12, 2 vol., v. éc., fil. — De l'influence des passions sur le bonheur des individus et des nations, par Mme de Staël. *Lausanne*, 1796, in-8, v. gr. — Les caractères, par Mme de Puisieux. *Londres*, 1750, pet. in-8, v. m.

75. L'homme éclairé par ses besoins. *Paris*, 1764, in-12, d.-rel. — L'ami des femmes, ou morale du sexe, par Bou-

dier de Villemert. *Paris*, 1788, in-18, bas. — Réflexions sur le ridicule et sur les moyens de l'éviter, par l'abbé de Bellegarde. *Paris*, 1699, in-12, v. gr.

76. Les Caractères de La Bruyère, édit. revue par B. de B. (Bellin de Ballu). *Paris, Bastien*, 1790, in-8, 2 vol., v. gr.

77. Les Caractères de La Bruyère, suivis des Caractères de Théophraste. *Paris, Didot A.*, 1813, in-8, pap. vél., 2 tom. en 1 vol., mar. citr. dent., tr. dor., doublé de moire bleue. *Simier*.

78. Istoria critica della vita civile scritta da Vinc. Martinelli. *Napoli*, 1764, in-8, 2 vol., bas. m. — La poverta contenta del Pad. Dan. Bartoli. *Venetia*, 1658, pet. in-12, v. br.

79. La Muger Feliz dependiente del mundo y de la Fortuna, su autor el philosofo incognito. *Madrid*, 1789, pet. in-8, 3 vol., bas. m.

80. The sacred edict, containing sixteen maxims of the emperor Kang-He, amplif. by his son, the emperor Yoong-Ching, together with a paraphrase on the whole by a mandarin; translat. from the chinese orig. and illustr. with notes by Will. Milne. *London*, 1817, in-8, v. ant., dent., fers à froid. *Thouvenin*.

81. Practical education by Maria and Rich. Lovell Edgeworth. *London*, 1798, in-4, fig., v. gr , fil.

82. Établissement et plan du lycée Richelieu à Odessa, fondé en 1817. *Paris, P. Didot*, 1817, in-4, pap. vél., fig., d.-rel., dos de v.

83. Essai sur l'instruction des aveugles, par Guillié. *Paris*, 1817, in-8, fig., v. f., fil., dos à nerfs.

84. Rapport et projet de loi sur l'instruction publique, par J. A. Chaptal. *Paris*, an IX. == Rapport sur l'établissement de l'école centrale des travaux publics, par Fourcroy. *Paris*, an III, in-8, d.-rel.

85. Rapport sur l'instruction publique, par M. de Talleyrand. *Paris*, 1791, in-4, d.-rel.

86. De l'établissement des connaissances humaines et de l'instruction publique dans la constitution française, par P. L. Lacretelle. *Paris*, 1791, in-8, d.-rel.

87. Distribucion de los premios a los discipulos de las nobles artes hecha por la real academia de San Fernando en la junta publica de 25 de julio de 1778. *Madrid*, in-4, bas. rac., tr. dor.

II. SCIENCES POLITIQUES.

88. Politique tirée des propres paroles de l'Ecriture sainte, par Bossuet. *Paris*, 1709, in-4, gr. pap., mar. rou, fil., tr. dor.

89. La même. *Paris*, 1709, in-12, 2 vol., v. f.

90. Platonis Politia sive de re publica libri X (græcè); recensuit atque explanavit Frid. Astius; acced. additamenta ad commentar. in Platonis Phædrum. *Lipsiæ*, 1814, in-8, v. gr., fil.

91. La Politique d'Aristote, trad. du grec, avec des notes, par Champagne. *Paris*, an v, in-8, 2 vol., v. rac.

92. La même, trad. du grec, av. des notes, par Ch. Millon. *Paris*, 1803, in-8, 3 vol., v. gr., fil.

93. Les six Livres de la République, de J. Bodin. *Paris*, 1579, in-8, v. f.

94. Théorie des gouvernemens, par le baron de Beaujour. *Paris*, F. Didot, 1823, in-8, 2 vol., v. f., fil. *Simier*.

95. Dialoghi de' governi del conte Paolo Brusantini. *Modena*, 1611, pet. in-4, mar. v., tr. dor.

96. Richerche sulla scienza dei governi. *Lausanna*, 1790, in-8, 2 vol., d.-rel.

97. Du plus heureux Gouvernement et de la Théorie des lois civiles, par Linguet. *Londres*, 1774, in-12, 5 tom. en 4 vol., v. m. — Réfutation de la doctrine de Montesquieu, sur la balance des pouvoirs, par le comte de Saint-Roman. *Paris*, 1816, in-8, d.-rel.

98. Traité du gouvernement civil, par Locke, trad. de l'angl. *Paris*, an IV, in-8, tiré sur pap. vél., in-4, v. f., dent., tr. dor. *Simier*.

Il n'y a eu que trente exemplaires tirés sur ce papier.

99. The Excellencie of a free state (by Marchamont Nedham, publ. by Rich. Baron). *London*, 1767, in-8, v. rac., fil.

100. Riflessioni filosofico-politiche sull' antica democrazia romana, de Luigi Gonzaga. *Venegia*, 1780, in-8, v. rac.. fil. — Saggio politico sopra le vicissitudini inevitabili delle società civili, di Ant. de Giuliani. *Parigi*, 1791, in-12, d.-rel.

101. Recherches sur l'état actuel des sociétés politiques, par Ragouneau. *Paris*, an XI, in-8, pap. vél., mar. r., tr. dor

102. Essai de politique et de morale calculée (par d'Hancar-
ville), 1759. (Tom. 1er, le seul publ.) == Essai sur la to-
lérance chrétienne. *En France*, 1760, in-8, 2 part. en 1 vol.
v. m.

103. Essai sur les garanties individuelles que réclame l'état
actuel de la société, par Daunou. *Paris*, 1819, in-8, d.-rel.
d. de v. — Des communes et de l'aristocratie, par M. de
Barante. *Paris*, 1821, in-8, d.-rel., dos de v.

104. The Letters of Junius complete : interspersed with the
letters and articles to which he replied, and with notes bio-
graph. and explanatory; also a prefatory enquiry respecting
the real author, by John Almon. 1806, in-12, pap. vél.,
portr., 2 vol., mar. r., dent., tr. dor. *Simier*.

105. Four Letters to the earl of Carlisle from Will. Eden (on
political subjects), to which is added a fifth letter. *London*.
1780, in-8, d.-rel.—Burke's Speech on various political subjects. *London*, 1785, in-8, v. gr. — Fox and Pitt's speeches
on various political subjects. *London*, in-8, d.-rel.

106. De la Civilisation, depuis les premiers temps historiques
jusq. la fin du 18e siècle, par Eus. Salverte. Introduction.
Paris, Schœll, 1813, in-8, d.-rel., d. de v. — Science de
l'organisation sociale, démontrée dans ses premiers élémens,
par J. And. Brun. *Paris*, an VII, in-8, v. rac., fil.

107. Considérations sur les rapports qui lient les hommes en
société, ou élémens de l'organisation sociale, trad. de l'angl.
de Brown, par Donnant. *Paris*, an VIII, in-8, v. rac., fil.

+108. Observations concerning the distinction of rangs in society, by J. Millar. *London*, 1771, in-4, d.-rel.

109. Essays on subjects connected with civilization, by Mal-
kin. *London*, 1795, in-8, bas.

+110. Lettres sur les progrès de la civilisation, par Herder. *Riga*,
1793, in-8, 5 vol., v. rac. (*En allem.*)

111. Sur les sociétés humaines, par Knigge. 4e édit. *Leipsik*,
1796, in-8, v., fil. (*En allem.*)

112. Rêveries d'un ami de l'humanité, par Iselin. *Carlsruhe*,
1784, in-8, 2 vol., d.-rel. (*En allem.*)

113. A discourse on the rise, progress, peculiar objects, and
importance, of political economy, by R. M. 'Culloch. *Edinburgh*, 1824, in-8, d.-rel., dos de v.

114. OEuvres de Xénophon (l'Economique; Traité d'Equita-
tion; le Maître de la Cavalerie), trad. en franç. (le texte en

regard), par Gail. *Paris, Didot jeune*, an III, in-8, bas. rac., fil.

115. Principes d'économie politique, par N. F. Canard. *Paris*, an x, in-8, v. rac., fil.

116. Introduction à la science de l'économie politique et de la statistique générale, par Gab. Leblanc. *Paris*, 1801, in-8, d.-rel., d. de v.

117. Traité d'économie politique, par J. B. Say. *Paris, Renouard*, 1814, in-8, 2 tom. en 1 vol., v. gr., fil.

+118. Nouveaux principes d'économie politique, ou de la richesse dans ses rapports avec la population, par Sismonde de Sismondi. *Paris*, 1819, in-8, 2 vol., v. f., ant. *Simier fils.*

+119. La Théorie de l'économie domestique, par C. Ganilh. *Paris, Treuttel et W.*, 1822, in-8, 2 vol., v. viol., dent., fers à fr.

120. Nouv. Essai sur la richesse des nations, par le vicomte de Saint-Chamans. *Paris*, 1824, in-8, cart. à la brad. — De la propriété politique et civile, par Dageville. *Paris*, 1813, in-8, cart. à la Brad.

+121. Mémoires d'économie publique, de morale et de politique, publ. par Roederer. *Paris, s. d.*, in-8, 2 tom. en 1 vol., d.-rel. — Considérations sur l'industrie et la législation; et Examen crit. des ouvrages qui ont paru sur l'économie politique, par L. Say. *Paris, Aillaud*, 1822, in-8, v. ant., fil.

122. An inquiry into the nature and causes of the wealth of nations, by Ad. Smith. *London*, 1789, in-8, 3 vol., v. gr., fil.

+123. Recherches des principes de l'économie politique, ou Essai sur la science de la police intérieure des nations libres, par le chevalier J. Stewart (trad. de l'angl. par Senovert). *Paris*, 1789, in-8, 5 vol., bas., fil.

124. Sketch on the causes of the avance and decline of nations; with strictures on systems of finance particularly applied to those of France and Great Britain. *London*, 1795, in-8, d.-rel.

125. On the principles of political economy and taxation, by Dav. Ricardo. *London*, 1817, in-8, v. f., dent. *Simier.*

126. Des principes de l'économie politique, et de l'impôt, par D. Ricardo, trad. de l'angl. par Constancio, avec des

notes, par J. B. Say. *Paris*, *Aillaud*, 1819, in-8, 2 tom. en
1 vol., v. br., ant., fil.

127. Principles of political economy considered with a view
to their practical application, by Malthus. *London*, 1820,
in-8, v. br., ant., dent., fers à fr.

128. Principes d'économie politique, considérés sous le rapport de leur application pratique, par Malthus, trad. de
l'angl. par Constancio. *Paris*, *Aillaud*, 1820, in-8, 2 vol.,
v. f., ant., dent., fers à fr.

129. Elémens d'économie politique, par J. Mill, trad. de
l'angl. par Parisot. *Paris*, 1823, in-8, br.

130. Cours d'économie politique, par H. Storch, avec des
notes, par Say. *Paris*, *Aillaud*, 1823, in-8, 4 vol., v. r.,
dent., fers à fr. Bibolet. 22.

131. An Essay on the principle of population, by T. R. Malthus. *London*, 1817, in-8, 3 vol., v. f., dent.

132. Of Population, an enquiry concerning the power of in-
crease in the numbers of mankind, by Will. Godwin. *London*, 1820, in-8, v. f., ant., dent., fers à fr. Thouvenin.

133. Recherches sur la population et sur la faculté d'accrois-
sement de l'espèce humaine, par Will. Godwin, trad. de
l'angl. par Constancio. *Paris*, *Aillaud*, 1821, in-8, 2 vol.,
d.-rel., d. de v.

134. De l'économie politique moderne; Discours fondam. sur
la population, par Herrenschwand. *Paris*, an III, in-8,
v. gr.

135. An inquiry whether crime and misery are produced or
prevented by our present system of prison discipline, by
Buxton. *London*, 1818, in-8, v. f., dent. — The principle
of the english poor laws illustrated and defended, by Fred.
Page. *London*, 1822, in-8, d.-rel.

136. Essais politiques, économiques et philosophiques, par
Benjamin, comte de Rumford, trad. de l'angl. par L. M.
D. C. (le marquis de Courtivron). *Genève*, an VII, in-8,
fig., 2 vol., v. rac., fil.

137. Etudes du crédit public et des dettes publiques, par Du-
fresne Saint-Léon. *Paris*, 1824, in-8, cart. à la brad.

138. Considérations sur les finances, par Arm. Seguin. *Paris*,
1824, in-8, 4 vol., d.-rel., dos de v.

139. The measure of value stated and illustrated, with an application of it to the alterations in the value of the english

(12)

currency since 1790, by Malthus. *London*, 1823, in-8, d.-rel.

140. Extraits d'édits et déclarat. concernant les fabrications, diminutions et augmentations du prix des monnaies de France, dep. 1689. *Amsterd.*, 1752, in-4, fig., v. br.

141. Prospectus d'un nouv. dictionnaire de commerce, par l'abbé Morellet. *Paris*, 1769, in-8, v. f., fil., tr. dor.

142. Du Gouvernement considéré dans ses rapports avec le commerce, par Ferrier. *Paris*, 1821, in-8, v. f., fil. *Simier fils.* — Examen de quelques questions d'économie politique et notamm. de l'ouvrage de M. Ferrier, par Duboys-Aymé. *Paris*, 1823, in-8, d.-rel., d. de v.

+143. Lezioni di commercio o sia d'economia civile dell' abb. Genovesi. *Miluno*, 1768, in-4, 2 tom. en 1 vol., v. m.

144. Notices sur les produits de l'industrie en 1806. *Paris*, I. I., 1806, in-8, d.-rel. — Rapports du jury d'admission des produits de l'industrie du département de la Seine, à l'exposition du Louvre, pour 1819, 1823 et 1827, par M. Héricart de Thury. 1819, in-8, mar. r., dent., fers à fr., tr. dor. *Thouvenin*; et 1823 et 1827, 2 vol., br.

145. Circulaires, Instructions et autres actes émanés du ministère de l'intérieur, ou relatifs à ce département, de 1797 à 1821 inclus. *Paris*, I. R., 1824, in-8, 5 vol., br.

III. SCIENCES NATURELLES.

§ Ier. GÉNÉRALITÉS. — PHYSIQUE. — CHIMIE.

146. Tableau de l'univers. *Paris*, 1767, in-12, cartes, 2 vol., v. gr., fil.

147. Philosophie de l'univers. *Paris*, an IV, in-8, d.-rel.

148. L'ami de la nature, par de Girard. *Paris*, 1727, pet. in-8, pap. vél., v. éc., fil., tr. dor.

149. Études de la nature, par Bernardin de Saint-Pierre. *Paris*, 1788, 4 vol. ═ Vœux d'un solitaire et suite. *Paris*, 1789-92, 2 vol. Les 6 vol., in-12, v. gr., fil.

150. Harmonies de la nature, par Bern. de Saint-Pierre, publ. par L. Aimé Martin. *Paris*, *Méquignon Marvis*, 1815, in-8, 3 vol., v. f., fil.

151. The economy of nature explained ad illustrated on the principles of modern philosophy, by G. Gregory. *London*, 1796, in-8, fig., 3 vol., v. rac., fil.

152. Essai sur l'histoire de la nature, par Gavoty Toulousan. *Paris*, 1815, in-8, 3 vol., d.-rel.

153. Élémens de physique théorique et expérimentale et description d'un cabinet de physique, par Sigaud de la Fond, édition augm. par Rouland. *Paris*, 1784-1787, in-8, fig., 6 vol., v. m.

154. Traité élémentaire ou Principes de physique, par Brisson. *Paris*, 1789, in-8, fig., 3 vol., bas. — Traité élémentaire de physique, par Haüy. *Paris*, an XII, in-8, fig., 2 vol., v. gr., fil.

155. Traité élémentaire de physique, par Haüy. *Paris*, 1806, in-8, fig., 2 vol., v. gr., fil.

156. Le même. *Paris*, 1821, in-8, fig., 2 vol., v. f., fil. *Simier fils.*

157. Traité de physique, par Biot. *Paris, Déterville*, 1816, in-8, fig., 4 vol., v. rac., dent.

158. Recherches sur les causes des principaux faits physiques, par J. B. Lamarck. *Paris*, an II, in-8, 2 vol., d.-rel.

159. Lettres à Sophie, sur la physique, la chimie et l'histoire naturelle, par M. Aimé Martin. *Paris, Nicolle*, 1818, in-18, pap. vél., fig., 4 tom. en 2 vol., v. f. fil., tr. dor.

160. De Lamarck : Réfutation de la théorie pneumatique. *Paris*, an IV, in-8, v. rac., fil. — Hydrogéologie ou Recherches sur l'influence qu'ont les eaux sur la surface du globe terrestre, etc. *Paris*, an X, in-8, v. rac., fil. — Mémoires de physique et d'histoire naturelle. *Paris*, an V, in-8, v. gr., fil.

161. Essai sur la nature et la propriété d'un fluide impondérable, par P. E. Morin. *Au Puy*, 1819, in-8, br.—Théorie de la surface actuelle de la terre, par André. *Paris*, 1806, in-8, v. porph., fil.

162. Du feu et de quelques-uns de ses principaux effets, par Reynier. *Paris*, 1787, in-8, d.-rel. — Estimation de la témpérat. de différens degrés de latitude, trad. de l'angl. de Rich. Kirwan, par Adet. *Paris*, 1789, in-8, v. f., fil.—La nature dans la formation du tonnerre et la reproduction des êtres vivans, par l'abbé Poncelet. *Paris*, 1766, in-8, fig., 2 part. en 1 vol., v. m.

163. Pesanteur spécifique des corps, par Brisson. *Paris, I. R.*, 1787, in-4, fig., v. gr., fil.

164. Traité de météorologie, par le P. Cotte. *Paris, I. R.*, 1774, in-4, fig., cart, n. rog. — Mémoires sur la météorologie (pour servir de suppl. au précéd.), par le **P. Cotte**. *Paris, I. R.*, 1788, in-4, fig., 2 vol., cart. n. rog.

165. Idées sur la météorologie, par Deluc. *Paris*, 1787, in-8, 2 vol., v. gr., fil.

166. Histoire des vents, trad. de Fr. Bacon, par **J. Baudoin**. *Paris*, 1650, in-8, vél.

167. Traité sur le climat de l'Italie considéré sous ses rapports physiq., météorologiques et médicinaux, par le D^r T*** (Touvenot). *Vérone*, 1797, in-8, 4 vol., d.-rel.

168. Histoire naturelle de la fontaine qui brusle près de Grenoble, par J. Tardin. *A Tournon*, 1618, pet. in-12, d.-rel., dos de v. (Piqué.)

169. Georg. Alb. Hambergeri Fasciculus dissertationum academ. physico-mathematicarum. *Ienæ*, 1708, in-4, fig., v. br.

170. Horæ physicæ Berolinenses collectæ ex symbolis viror. doctor. varior.; edi curavit Dr Christ. God. Nees ab Esenbeck. *Bonnæ*, 1820, in-fol., fig., col. et non col., cart.

171. Traité élémentaire de Chimie, par Lavoisier. *Paris*, 1793, in-8, fig., 2 vol., bas. — Leçons élémentaires de chimie, par P. A. Adet. *Paris, Dentu*, an XIII, in-8. v. gr., fil.

172. Philosophie chimique, par Fourcroy. *Paris*, 1806, in-8, v. gr., fil. — Essai sur le perfectionnement des arts chimiques en France, par J. A. Chaptal. *Paris*, an VIII, in-8, d.-rel.

173. Dictionnaire de chimie, par Macquer. *Paris*, 1778, in-4, 2 vol., v. éc., fil.

174. The Edinburgh new dispensatory, containing the elements of pharmaceutical chemistry, etc., by And. Duncan. *Edinburgh*, 1819, in-8, v. f., fil., dos à nerfs.

175. Recherches sur les propriétés physiques, chimiques et médicinales des eaux minérales de Bagnères de Bigorre, par Ch. Gonderax. *Paris*, 1827, in-8, br. — Recherches sur les substances nutritives que renferment les os, par M. d'Arcet. *Paris, Huzard*, 1829, in-8, fig., br.

176. Description des appareils à fumigations. *Paris, Huzard*, 1818, in-4, fig., d.-rel.

177. Mémoire, rapports et observations sur les fumigations sulphureuses, par J. C. Gales. *Paris*, 1824, in-8, fig., br. — Essai critique sur le gaz hydrogène et les divers modes d'éclairage artificiel, par MM. Ch. Nodier et Am. Pichot. *Paris*, 1823, in-8, br.

178. Copies of the reports concerning the gas-light establish-
ments. *London*, 1823, in-fol., d.-rel., dos de v.

§ II. HISTOIRE NATURELLE.

1. GÉNÉRALITÉS. — RÈGNE MINÉRAL. — RÈGNE VÉGÉTAL.

179. Caii Plinii sec. naturalis historia, cum interpretatione et
notis integris Joh. Harduini itemq. cum comment. et adno-
tationibus varior.; recens. Joh. Georg. Frid. Franzius. *Lipsiæ*, 1778, in-8, 10 vol., v. rac., fil.

180. C. Plinii sec. historiæ naturalis libri XXXVII, quos recens. et not. illustr. Gab. Brotier. *Paris, Barbou*, 1779,
in-12, 6 vol., v. m. fil., tr. dor.

181. Hermolai Barbari castigationes Plinianæ. *Romæ*, 1493,
in-fol., v. br.

182. Historia naturale di Caio Plinio secundo di lingua latina in Fiorentina tradocta per Christ. Landino, aggionte
etiam di novo la figure a tutti li libri conveniente. *Venetia*,
1516, pet. in-fol., fig. en bois, vél. (Le commencement et
la fin en mauvais état.)

183. Historia naturale di G. Plinio tradotta per M. Ludov.
Domenichi. *In Vinegia*, 1573, pet. in-4, v. gr., fil.

184. Élémens d'histoire naturelle et de chimie, par Fourcroy. *Paris*, 1794, in-8, 5 vol., bas.

185. Caroli à Linne systema naturæ per regna tria naturæ.
Vindobonæ, 1767, in-8, fig., 4 vol., v. m.

186. Manuel d'histoire naturelle, par Blumenbach. *Gottingue*,
1799, in-8, v. rac., fil. (*En allem.*)

187. Annales du Muséum d'histoire naturelle, par les profes-
seurs de cet établissem. *Paris, Levrault*, an XI, in-4, fig.,
2 vol., cart. à la brad.

188. Mémoires de la société Linnéenne de Paris. *Paris*, 1822,
in-8, br., tome 1er, et Fascicule de 14 planches, in-4, br.

189. Mémoires sur div. parties de l'hist. naturelle, av. la minéralogie de l'Orléanois, par Defay. *Paris*, 1783. = A com-
pend. treatise on the venereal disease, by H. Deacon. *London.*=Notice histor. sur le sauvage de l'Aveyron, par Bonnaterre. *Paris*, an VIII, in-8, d.-rel., dos de v.

190. Number CLI of the naturalist's miscellany ; containing
couloured figures of most curions production of nature, with

descriptions in latin and english in the Linnean manner,
by G. Shaw, the fig. by R. Nodder. *London*, 1802. in-8, d.-r.

La moitié de ce volume contient une fraction d'une histoire naturelle des oiseaux, aussi en anglais, fig. non col.

191. Manuel pour servir à l'histoire naturelle des oiseaux, des
poissons, des insectes et des plantes, trad. du lat. de **R.**
Forster par Léveillé. *Paris*, an VII, in-8, v. rac.

192. Discursos de las cosas aromaticas, arboles y frutales y
de otras muchas medicinas simples que se traen de la India
oriental y sirven al uso de medicina, autor D. Juan Fragoso.
En Madrid, 1572, pet. in-8, vél. *Ex. de J. A. de Thou.*

193. Catalogue des curiosités naturelles qui composent le cabinet de M. de Varennes. *Paris*, 1774, in-8, bas m. (Av.
les prix.)

194. Histoire naturelle de la Provence, par Darluc. *Avignon*,
1783, in-8, 3 vol., bas. m.

195. Apparato para la historia natural espanola, contiene muchas dissertaciones physicas especialmente sobre el diluvio,
autor el P. Jos. Torrubia. *Madrid*, 1754, in-fol., fig.,
d.-rel., n. rog.

196. Histoire naturelle du Brésil, par le prince Maximilien.
Weimar, 1825-1832, in-8, fig., 4 vol. en 6 part. br. ; et
11 liv. de pl., in-fol., pap. vél., fig. color. (*En allem.*)

197. Essai d'une physiognomonie de la terre, par Fr. Struve.
Leipsik, 1802, in-8, d.-rel., dos de v. (*En allem.*)

198. Essai de géologie, par Faujas de S. Fond. *Paris*, 1803,
in-8, fig., 3 part. en 2 vol., v. rac., fil.

199. Recherches sur les ossemens fossiles, par le baron Cuvier. *Paris, Dufour et d'Ocagne*, 1821, in-4, fig., 5 vol. en
6 part., v. dent., fers à fr.

200. Histoire naturelle des crustacés fossiles sous les rap-
ports zoologiques et géologiques, savoir : les trilobites, **par**
Alex. Brongniart; les crustacés proprement dits, par **Ans.**
G. Desmarest. *Paris, Levrault*, 1822, in-4, v. dent., fers à fr.

201. Traité de minéralogie, par Haüy. *Paris*, 1801, in-8,
4 vol., v. gr., fil. et atlas in-4, br. en cart.

202. Traité élément. de minéralogie, par Brochant. *Paris*,
an IX, in-8, 2 vol., v. gr., fil.

203. Traité élémentaire de minéralogie, par Alex. Brongniart.
Paris, 1807, in-8, fig., 2 vol., v. rac., fil.

204. Istituzioni di mineralogia, di Gius. Benvenuti. *Parma*,
Stamp. R., 1790, in-8, v. f., tr. dor. *Simier.*

205. Tableau méthodique des espèces minérales, par Lucas. Paris, 1806, in-8, fig., 2 part. en 1 vol., v. gr., fil.—Tableau comparatif des résultats relatifs à la classification des minéraux, par Haüy. Paris, 1809, in-8, fig., v. f.

206. Manuel du minéralogiste et du géologue voyageur, par Brard. Paris, an XIII, in-12, fig., v. rac., fil.

207. Esquisse d'une nouvelle classification de minéralogie, suivie de quelques remarques sur la nomenclature des roches, par J. Pinkerton, trad. de l'angl. par J. Jansen. Paris, an XI, in-8, pap. vél., d.-rel.

208. Journal des observations minéralogiques faites dans une partie des Vosges et de l'Alsace, par de Sivry. Nancy, 1782, in-8, d.-rel., dos de v.

209. Voyages physiques et lithologiques dans la Campanie, par Scip. Breislak, trad. de l'ital. et accomp. de notes, par le général Pommereuil. Paris, Dentu, 1801, in-8, fig., 2 vol., v. rac., fil.

210. Della valle vulcanico-marina di Ronca nel territorio veronese memoria orittografica dell' Abbate Fortis. In Venezia, 1778, in-4, fig., d.-rel.

211. Collection d'échantillons minéralogiques du Hartz (électorat de Hanovre), présentés à Mme Léopold Berthier, par M. Héron de Villefosse, membre de l'Institut, mis en ordre et catalogués de sa main, renfermés dans trois boites simulant trois vol. in-8, intitulés sur le dos : Voyage de Mme Berthier. Le tout dans un étui. (Collection précieuse.)

212. Traité des pierres précieuses, des porphyres, granits, etc., par Brard. Paris, 1808, in-8, fig., 2 tom. en 1 vol., v. gr., fil.

213. Des pierres précieuses et pierres fines, par Dutens. Paris, Didot, 1776, in-18, v. f. dent., tr. dor.

214. Physiologie végétale, par J. Sennebier. Genève, an VIII, in-8, 5 vol., v. rac.

215. Système sexuel des végétaux, par Ch. Linné, avec des notes, par Jolyclerc. Paris, 1798, in-8, v. rac., fil.

216. Philosophiæ botanicæ novæ, seu Institutionum phytographicarum prodromus, auct. II. Frid. Link. Gottingæ, 1798, pet. in-8, d.-rel., dos de v.

217. Démonstrations élément. de botanique, à l'us. de l'école vétérin. Lyon, 1773, in-8, fig., 2 vol., bas. m.

218. Introduction à l'étude de la botanique, par J. C. Philibert. Paris, an VII, in-8, fig. col., 3 vol., v. rac., fil.

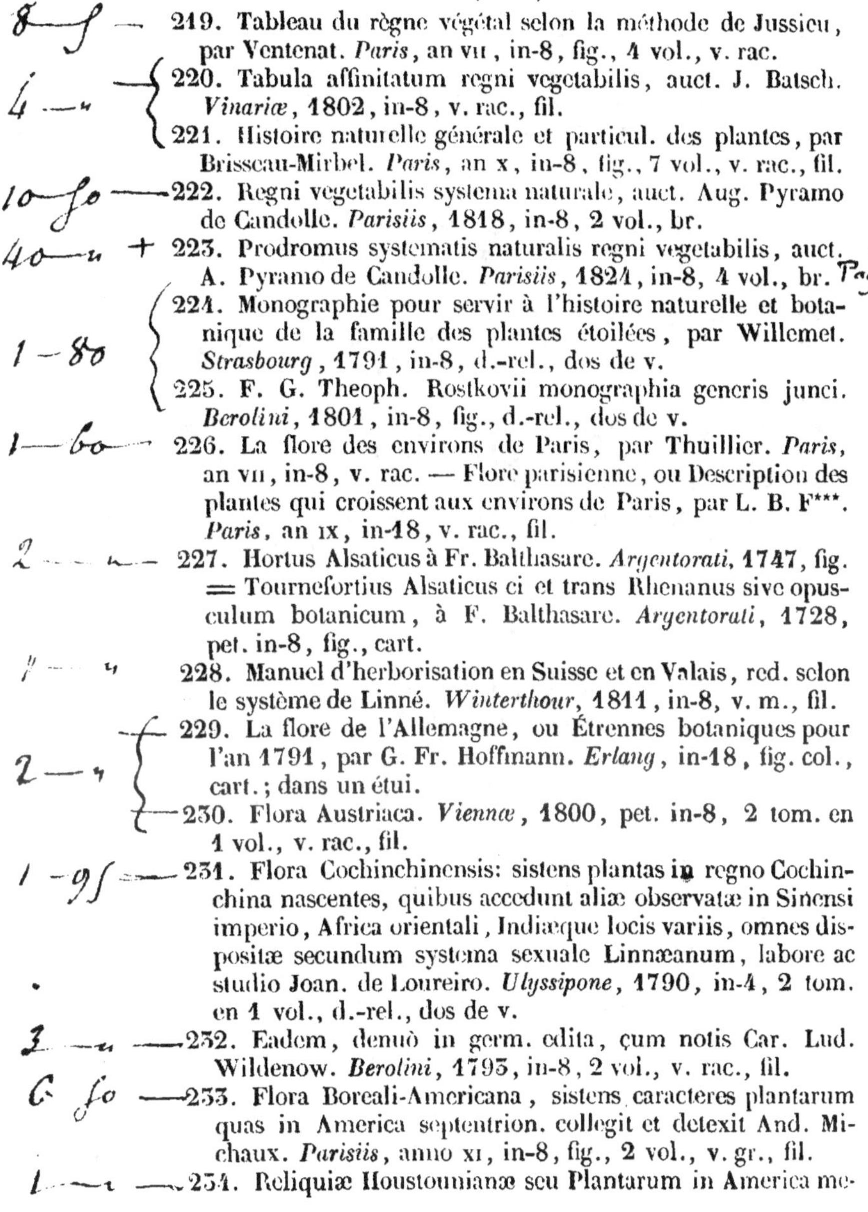

219. Tableau du règne végétal selon la méthode de Jussieu, par Ventenat. *Paris*, an VII, in-8, fig., 4 vol., v. rac.

220. Tabula affinitatum regni vegetabilis, auct. J. Batsch. *Vinariæ*, 1802, in-8, v. rac., fil.

221. Histoire naturelle générale et particul. des plantes, par Brisseau-Mirbel. *Paris*, an x, in-8, fig., 7 vol., v. rac., fil.

222. Regni vegetabilis systema naturale, auct. Aug. Pyramo de Candolle. *Parisiis*, 1818, in-8, 2 vol., br.

223. Prodromus systematis naturalis regni vegetabilis, auct. A. Pyramo de Candolle. *Parisiis*, 1824, in-8, 4 vol., br.

224. Monographie pour servir à l'histoire naturelle et botanique de la famille des plantes étoilées, par Willemet. *Strasbourg*, 1791, in-8, d.-rel., dos de v.

225. F. G. Theoph. Rostkovii monographia generis junci. *Berolini*, 1801, in-8, fig., d.-rel., dos de v.

226. La flore des environs de Paris, par Thuillier. *Paris*, an VII, in-8, v. rac. — Flore parisienne, ou Description des plantes qui croissent aux environs de Paris, par L. B. F***. *Paris*, an IX, in-18, v. rac., fil.

227. Hortus Alsaticus à Fr. Balthasare. *Argentorati*, 1747, fig. = Tournefortius Alsaticus ci et trans Rhenanus sive opusculum botanicum, à F. Balthasare. *Argentorati*, 1728, pet. in-8, fig., cart.

228. Manuel d'herborisation en Suisse et en Valais, red. selon le système de Linné. *Winterthour*, 1811, in-8, v. m., fil.

229. La flore de l'Allemagne, ou Étrennes botaniques pour l'an 1794, par G. Fr. Hoffmann. *Erlang*, in-18, fig. col., cart.; dans un étui.

230. Flora Austriaca. *Viennæ*, 1800, pet. in-8, 2 tom. en 1 vol., v. rac., fil.

231. Flora Cochinchinensis: sistens plantas in regno Cochinchina nascentes, quibus accedunt aliæ observatæ in Sinensi imperio, Africa orientali, Indiæque locis variis, omnes dispositæ secundum systema sexuale Linnæanum, labore ac studio Joan. de Loureiro. *Ulyssipone*, 1790, in-4, 2 tom. en 1 vol., d.-rel., dos de v.

232. Eadem, denuò in germ. edita, çum notis Car. Lud. Wildenow. *Berolini*, 1793, in-8, 2 vol., v. rac., fil.

233. Flora Boreali-Americana, sistens caracteres plantarum quas in America septentrion. collegit et detexit And. Michaux. *Parisiis*, anno XI, in-8, fig., 2 vol., v. gr., fil.

234. Reliquiæ Houstounianæ seu Plantarum in America me-

ridionali à Guil. Houstoun collectarum icones, cum descrip-
tionib. *Norimbergæ*, 1794, in-8, v. rac., fil.

235. Instructions pour former et classer un herbier, par He-
dwig. *Gotha*, 1801, in-8, v. rac., fil. (*En allem.*)

236. L'agronome, Dictionnaire portat. des cultivateurs. *Paris*,
1764, in-8, 2 vol., v. m.

237. Mémoires d'agriculture, d'économie rurale et domestique. publ. par la société d'agriculture du département de
la Seine. *Paris, Huzard,* an ix à 1831, in-8, 39 vol., cart.
à la Brad. et br.

238. Voyage agronomique en Auvergne (par de Pradt.) *Paris*,
an xi, in-8, d.-rel. — Voyages agronomiques dans la séna-
torerie de Dijon, par François (de Neufchâteau). *Paris, Huzard*, 1806, in-4, d.-rel.

239. Mémoire sur l'agriculture de la Flandre française et sur
l'économie rurale, par J. Cordier. *Paris, F. Didot*, 1823,
in-8, br., et atlas in-4, cart.

240. Notice historique sur l'origine et les progrès des assole-
mens raisonnés, par Vict. Yvart. *Paris, Huzard*, 1821,
in-8, d.-rel., dos de v.

2. RÈGNE ANIMAL.

241. Système de la nature de Ch. Linné, trad. de l'édit. lat.
de Gmelin, par Vanderstegen de Putte; règne animal.
Bruxelles, 1793, in-8, d.-rel., dos de v.—Oiseaux. *Ibid.*,
1796, in-8, 3 vol., v. rac., fil.

242. Wolfgangii Franzii historia animalium, cum commentariis et supplementis, operâ Johan. Cypriani. *Francofurti*,
1712, in-4, 4 vol., v. f., fil.

243. Zoologie universelle et portative, ou Histoire naturelle
de tous les quadrupèdes, oiseaux, poissons, etc., par Ray.
Paris, 1788, in-4, v. rac.

244. Histoire naturelle du développement du germe dans les
animaux, 1re partie, par le docteur Karl Ernest. *Konigsberg*,
1828, in-4, fig., br. (*En allem.*)

245. Animal biography, or, anecdotes of the lives manners,
and economy of the animal creation, by W. Gingley. *London*, 1803, in-8, 3 vol., v. rac., dent.

246. Descriptiones animalium quæ in itinere orientali obser-
vavit Petrus Forskal, edidit Carsten Niebuhr; adjuncta est

materia medica kahirina atque tabula maris rubri geographica. *Hauniæ*, 1775 , in-4, d.-rel.

247. Zoological researches in Java and the neighbouring Islands , by Thom. Horsfield. *London*, 1821, in-4, pap. vél., fig. color., livraisons 1 à 7 (l'ouvrage devait en avoir 8).

248. Apuntamientos para la historia natural de los quadrupedos y de los paxaros del Paraguay y Rio de la Plata, escritos por D. F. Felix de Azara. *Madrid*, 1802, in-8, 5 tom. en 4 vol., v. rac., fil.

249. Tableau des divisions, sous-divisions, ordres et genres des mammifères, par Lacepède, publ. par Daudin. *Paris*, an x, in-18 , v. rac., fil.

250. Histoire naturelle des mammifères avec des figures originales coloriées, dessinées d'après des animaux vivans, publ. par MM. Geoffroy Saint-Hilaire et Cuvier. *Paris*, *Belin*, 1819-29, gr. in-fol., 63 livraisons.

251. La ménagerie ou muséum national d'histoire naturelle, ou les animaux vivans, peints par Maréchal et grav. par Miger, avec des notes descript. et histor. par Lacepède et Cuvier. *Paris*, an x, gr. in-fol., fig., v. rac., fil.

252. Essai sur l'histoire naturelle des quadrupèdes de la province de Paraguay, par D. Félix d'Azara, trad. par Moreau de Saint-Méry. *Paris*, an ix, in-8, 2 vol., v. rac.

253. Commentatio philologica de Simiis, auct. A. A. Henr. Lichtenstein. *Hamburgi*, 1791 , in-8, d.-rel.

254. Traité élément. et complet d'ornithologie, ou Histoire naturelle des oiseaux, par M. Daudin. *Paris*, 1800, in-4, 2 vol., pap. vél., fig., v. rac., fil.

255. Histoire naturelle de quelques oiseaux, par Goetz. Hanau , 1782, in-8, fig. color., v. rac., fil. (*En allem.*)

256. A natural history of the Birds of new South Wales, coll., engrav. and faithfully painted after nature by J. Wil. Lewin, illustr. with twenty-six plates. *London*, 1822, gr. in-4, pap. vél., cart. à angl.

257. Histoire naturelle gén. et particul. des reptiles, par Daudin. *Paris*, an x, in-8, fig., 8 vol. v. rac., fil.

258. Nouvelles expériences sur la vipère, par Charas. *Paris*, 1669, in-8, fig., v. br.

259. Pet. Bellonii de aquatilibus libri II. *Parisiis, C. Steph.*, 1553, in-8 obl., fig., mar. rou., fil., tr. dor. *Bozerian j.*

260. Histoire naturelle des poissons, avec les figures dessin. d'après nature, par Bloch, ouvrage classé par ordre, genres ,

etc., par R. R. Castel. *Paris*, *Déterville*, an ix, in-18, fig. color., 10 vol., v. rac., fil.

261. Tableau encyclopédique et méthodique des trois règnes de la nature. Cétologie, par l'abbé Bonnaterre. *Paris*, 1789, in-4, fig., v. rac., fil. — Du même, Ichthyologie. *Paris*, 1788, in-4. fig., v. rac., fil.

262. Tableau des mollusques terrestres et fluviales de la France, par J. Draparnaud. *Paris*, an ix, in-8, d.-rel., dos de v.

263. Histoire naturelle des coquilles, avec fig. dessin. d'après nature, par Bosc. *Paris*, *Déterville*, an x, in-18, fig. col., 5 vol., v. rac., fil.

264. A conchological Dictionary of the british islands, by Will. Curton, assisted by his daughter. *London*, 1819, in-12, pap. vél., fig. color., v. f., ant., tr. dor. *Simier*.

265. Histoire naturelle des vers, avec les fig. dessin. d'après nature, par Bosc. *Paris*, *Déterville*, an x, in-18, fig. color., 3 vol., v. rac., fil.

266. Commentatio de taenia hydatigena anomala adnexis cogitatis quibusdam de vermium visceralium physiologia, auct. J. G. Steinbuch. *Erlargœ*, 1802, in-8, fig., v. gr., fil.

267. Tractatus historicus de ascaridibus et lumbrico lato, à Steph. Coulet. *Lugd.-Batav.*, 1729, in-8, br.

268. Histoire naturelle des crustacés, avec fig. dessin. d'après nature, par L. A. G. Bosc. *Paris*, an x, in-18, fig. color., 2 vol., v. rac., fil.

269. Tableau des aranéides, par M. Walkenaer. *Paris*, *Dentu*, 1805, in-8, fig., br.

270. Terminologie des insectes, par Schmiedlein. *Leipsik*, 1789, in-8, fig., v. rac., fil. (*En allem.*)

271. An introduction to entomology : or elements of the natural history of insectes, with plates, by Kirby and Will. Spence, the second ed. *London*, 1816-1826, in-8, pap. vél., fig. color. et non color., 4 vol. Les deux premiers, v. ant. fil., et les deux autres, cart. à l'angl.

272. Entomologie ou Histoire naturelle des insectes, par Olivier. *Paris*, 1789, in-4, pap. vél., 3 vol. de texte et 3 vol. de fig. coloriées, v. f., dent., tr. dor.

273. Histoire naturelle des Insectes, composée d'après Réaumur, Geoffroy, etc., avec des notes et des observations nou-

velles, par de Tigny. *Paris*, an x, in-18, fig. color, 10 vol., v. rac., fil.

274. Manuel d'entomologie, par J. Sturm. *Nuremberg*, 1800, in-8, fig. color., v. rac., fil. (*En allem.*)

275. Essais entomologiques, par Christ. Creutzer. *Vienne*, 1799, in-8, fig. color., v. rac., fil (*En allem.*)

276. Fascicules entomologiques, par J. Sturm. *Francfort*, 1803, in-8, fig. col., 2 part. en 1 vol., v. rac., fil. (*En all.*)

277. Magasin entomologique, par Illiger. *Brunswick*, 1805, in-8, 2 vol., d.-rel., dos de v. (*En allem.*)

278. Monographia coleopterorum micropterorum, auct. L. C. Gravenhorst. *Gottingæ*, 1806, in-6, d.-rel., dos de v.

279. Monographia chlamydum, auctore Vinc. Kollar. *Viennæ*, 1824, in-fol., fig. color., pap. vél., d.-rel., dos de v.

280. Observations sur les hyménoptères d'Europe de la famille des fouisseurs, par P. L. Vander Linden. *Bruxelles*, 1829, in-4, en 2 part., br.

281. The english entomologist exhibiting all the coleopterous insectes found in England, with figures drawns and painted after nature, arranged and named according to the Linnean system, by Th. Martyn. *London*, 1772, gr. in-4, pap. vél., fig. color., cart à l'angl.

282. Entomologia Britannica sistens insecta Britanniæ indigena secundum methodum Linnæanam disposita, auctore Thoma Marsham. *Londini*, 1802, in-8, br. en cart. (Tom. 1, Coleoptera.) Il n'a paru que ce volume.

283. Essai d'insectologie de Bavière. *Augsbourg*, 1817, in-8, fig. color., v. f., ant. (*En allem.*)

284. Faune d'Allemagne, par J. Sturm. Les coléoptères. *Nuremberg*, 1805, in-8, fig. color., br. en cart. (*En allem.*)

285. Description des coléoptères de Prusse, par Illiger. *Halle*, 1798, in-8, v. rac., fil. (*En allem.*)

286. Coleoptera microptera Brunsvicensia necnon exoticorum quotquot exstant in collectionibus entomologorum Brunsvicensium in genera familias, et species distribuit J. L. C. Gravenhorst. *Brunsvigæ*, 1802, in-8, v. rac., fil.

287. Gust. Paykull Fauna Suecica : insecta. *Upsaliæ*, 1800, in-8, 3 tom. en 2 vol., v. rac., fil.

288. Monographia carabæorum Sueciæ, à Gust. de Paykull. *Upsaliæ*, 1790, in-8, d.-rel.

289. Xaverii Fulfen descriptiones quorumdam capensium insectorum. *Erlangæ*, 1786, in-4, fig. color., v. gr., fil.

290. A natural history of the lepidopterous insects of New South Wales, collected, engraved and faithfully painted after nature, by John Will. Lewin, illustr. with 19 plates. *London*, 1822, in-4, pap. vél., fig. color., cart. à l'angl.

291 Histoire naturelle des papillons d'Europe, par Bockhausen. *Francfort*, 1788-1794, in-8, fig. color., 5 vol., v. rac., fil. (*En allem.*)

292. Lepidoptera Pedemontana illustrata à Leonardo de Prunner. *Augustæ-Taurinor.*, 1798, in-8, v. r., fil.

293. Description des papillons de l'électorat de Brandebourg. *Berlin*, 1789, in-4, fig. color., 2 part. en 1 vol., v. rac., fil. (*En allem.*)

294. Papillons exotiques des trois parties du monde, rassemblés et décrits par Pierre Cramer. *Nuremberg*, in-4, fig. color., d.-rel., dos de mar. v., n. rog.

295. Jani Planci ariminiensis de incessu marinorum echinorum ac de rebus quibusdam aliis marinis epistola, 1760. = Ejusd. de duplici tethyi genere, et de manu marina, 1765. = De duplici holothurii genere et de manu marina, 1764, in-4, fig., d.-rel.

IV. SCIENCES MÉDICALES.

296. Du degré de certitude de la médecine, par Cabanis. *Paris*, 1798. == De la nutrition et de son influence, par Alph. Leroy. *Paris*, an vi. == Traité sur la manière d'élever sainement les enfans, trad. de l'all. de Frank, par M. Bæhrer. *Paris*, an vii, in-8, v. rac.

+297. Les OEuvres d'Hippocrate, trad. en franç., avec des remarques (par Dacier). *Paris*, 1697, in-12, 2 vol., v. br.

298. Prognostics de Cos, d'Hippocrate, trad. du grec, avec des notes, par le chevalier de Mercy. *Paris*, 1815, in-12, v. gr., fil. — Epidémies d'Hippocrate, 1er et 3e livres des Crises et des Jours critiques, trad. du grec, par le chevalier de Mercy. *Paris*, 1815, in-12, pap. vél., cart. à la Brad., fil. — Commentaria J. F. Schroteri in librum Hippocratis de natura humana. *Genæ*, 1585, in-12, v. f.

+ 299. Cicero Medicus, h. e., selectos è M. T. Ciceronis operibus locos vel omnino medicos, vel facillimè ad res disciplinasque medicas transferendos congessit, indice instruxit et præfatus est Ad. Mich. Birkholz. *Lipsiæ*, 1806, in-8, v. gr., fil.

300. Elémens anatomiques d'ostéologie et de myologie, par Lavater, trad. de l'all., avec des notes, par Gauthier de la Peyronie. *Paris*, 1797, in-8, fig., d.-rel., dos de v. — Recherches physiologiques sur la vie et la mort, par X. Bichat. *Paris*, an x, in-8, v. rac., fil.

301. Philosophie anatomique des organes respiratoires, sous le rapport de la détermination et de l'identité de leurs pièces osseuses, par M. Geoffroy Saint-Hilaire. *Paris*, 1818, in-8, et atlas in-4, obl., cart. à la Bradel.

302. Philosophie anatomique des monstruosités humaines, par M. Geoffroy Saint-Hilaire. *Paris*, 1822, in-8, cart. à la Bradel.

303. Précis élémentaire de physiologie, par M. Magendie. *Paris*, 1825, in-8, 2 vol., v. gr., fil.

304. Journal de physiologie expérimentale, par M. Magendie. *Paris*, 1821, 1822, 1825, in-8, 5 vol., d.-rel., d. de v.

305. Physiologie comparée des organes des sens, dans les hommes et les animaux, par J. Muller. *Leipsik*, 1826, in-8, fig. color., br. (*En allem.*)

306. Exposition de la doctrine de Gall, sur le cerveau et le crâne, par le docteur Bischoff, suivie de remarques sur cette doctrine, par le docteur Hufeland; et d'un Rapport de la visite de Gall dans les prisons de Berlin et de Spandau, trad. de l'allem., avec des notes, par G. Barbeguière. *Berlin*, 1806, in-8, fig., v. gr., fil.

307. Essai sur la physiognomonie des corps vivans, considérée depuis l'homme jusqu'à la plante, par J. J. Sue. *Paris*, an v, in-8, bas. — De humana physiognomonia Joan. Bapt. Portæ, libri IV. *Urselii*, 1601, in-8, fig., v. rac., fil.

308. Essays on physiognomy by J. Casp. Lavater, illustr. by more than eight hundred engravings accurately copied; and some duplicates added from originals executed by Th. Holloway, translated from the French by Henry Hunter. *London*, *J. Murray*, 1789, in-4, fig., gr. pap., 2 vol., br. en cart.

309. Traité de la conservation et prolongation de la santé, par Fr. de Monginot. *Paris*, 1635, pet. in-12, v. f., fil. — Essai sur les maladies des gens du monde, par Tissot. *Lausanne*, 1770, in-12, v. m. — De la santé des gens de lettres, par le même. *Lausanne*, 1769, in-12, d.-rel.

310. De l'éducation physique de l'homme, par Friedlander.
Paris, Treuttel et *W.*, 1815, in-8, v. f., fil., d. à nerfs.
Simier.

311. Domestic medicine, by Will. Buchan. *London*, 1790,
in-8, v. gr.

312. Médecine domestique, par Buchan, trad. de l'angl, par
Duplanil. *Paris*, 1789, in-8, 5 vol., v. j.

313. N. D. Riegels de Erinacco et de inspiratione cutanea aeris
cellulosa. *Hauniæ*, 1799, pet. in-8, 2 part. en 1 vol.,
d.-rel., d. de v.

314. Histoire médicale de la fièvre jaune, observée en Espagne
pendant l'année 1821, par MM. Bally, François et Pariset.
Paris, I. R., 1823, in-8, d.-rel., d. de v. — Observations
sur la fièvre jaune, faites à Cadix, en 1819, par MM. Pariset et Mazet, et rédigées par M. Pariset. *Paris, Audot*, 1820,
in-4, fig. color., d.-rel., d. de v.

315. Instructions succinctes sur les accouchemens, par Raulin.
Paris, 1770, pet. in-12, mar. r., fil., tr. dor. — Histoire
de l'introduction et des progrès de la vaccine en France, par
Fr. Colon. *Paris*, an ix, in-8, d.-rel.

V. SCIENCES MATHÉMATIQUES, PHYSICO-MATHÉMA-
TIQUES ET D'APPLICATION.

316. Les Œuvres d'Euclide, en grec, en latin et en français,
par F. Peyrard. *Paris, Patris*, 1814, in-4, 3 vol., v. f.,
dent. *Simier.*

317. Les Œuvres d'Euclide, trad. littéralement du grec en
français, par F. Peyrard. *Paris, Patris*, 1819, in-4, v. f.,
dent., dos à nerfs. *Simier.*

†318. Œuvres d'Archimède, trad. littéralem. av. un comment.,
par F. Peyrard. *Paris, Buisson*, 1807, fig. — Notizie into-
riche e critiche intorno alla vita, alle invenzioni ed agli
scritti di Archimede del C. Gran. Maria Mazzuchelli. *In
Brescia*, 1737, in-4, fig., v. gr., fil.

319. Abrégé des élémens de mathématiques, par Rivard. *Paris*, 1772, in-8, fig., bas. — Traité d'arithmétique, par le
comte de Fortia. 1790, in-8, d.-rel. — Élémens d'Algèbre,
par Clairaut. *Paris*, 1768, in-8, bas.

320. De Bezout : Élémens d'arithmétique. *Paris*, 1789, in-8,
v. rac. — Algèbre, 1787, in-8, bas. m.

321. Of Th. Simpson : treatise of algebra. *London*, 1782, in-8, bas. — Elemens of geometry. *London*, 1760, in-8, bas. — Mathematical dissertations on a variety of physical and analytical subjects, by Th. Simpson. *London*, 1745, in-4, d.-rel.

322. Tables des logarithmes, par F. Callet. *Paris, F. Didot*, 1795, in-8, v. rac., fil. — Tables des logarithmes (par Lacaille et Marie). *Paris*, 1791, pet. in-8, v. gr.

323. Les tables de Martin, ou le régulateur universel des calculs en parties doubles, par Martin. *Paris*, 1847, in-8, bas. m. *Avec le régulateur.*

324. Le Cambiste universel, par Kelly. *Paris*, 1823, in-4, 2 vol., cart., n. rog.

325. Traité élémentaire de l'analyse mathématique, par Cousin. *Paris*, 1797, in-8, d.-rel. — Élémens d'analyse pratique, trad. de l'angl. de Th. Simpson. *Paris*, 1771, fig. = Traité de trigonométrie rectiligne et sphérique, trad. de l'angl. du même. *Paris*, 1771, in-8, fig., bas.

326. Exposition d'une méthode pour construire les équations indéterminées qui se rapportent aux sections coniques, par de Prony. *Paris*, 1791, in-4, fig., d.-rel.

327. A discourse concerning the residual analysis, by John Landen. *London*, 1758, in-4, d.-rel. — The doctrine of chances, or a method of calculating the probabilities of events in play, by A. de Moivre. *London*, 1738, in-4, v. m.

328. Leçons de géométrie théorique et pratique, par Mauduit. *Paris*, 1790, in-8, fig., bas. — Pratique de la géométrie sur le papier et sur le terrain (par S. Leclerc). *Paris*, 1674, in-12, fig., v. br.

329. Traité de géométrie pratique; in-4, fig. color., v. gr., fil., tr. dor. *Manuscrit.*

330. Géométrie descriptive, par G. Monge. *Paris*, an VII, in-4, fig., v. gr., fil. — Essais de géométrie sur les plans et les surfaces courbes, par S. F. Lacroix. *Paris*, 1795, in-8, d.-rel.

331. Trigonometria piana e sferica di Antonio Cagnoli. *In Parigi, Ambr. Didot*, 1786, in-4, fig., v. rac., fil.

332. Élémens de géométrie à trois dimensions; Théorie des lignes et des surfaces courbes, par Hachette. *Paris*, 1847, in-8, cart. à la Bradel. — Traité de mécanique élémentaire, d'après les méthodes de L. Prony, par L. B. Francœur. *Paris*, an X, in-8, fig., v. rac., fil.

333. Cl. Ptolemæi omnia quæ exstant opera, cum annotation. Erasmi Osvaldi Schrekhenfuchsii. *Basileæ*, 1651. = Joan. Regiomontani de triangulis planis et sphæricis libri V, edid. Daniel Santbech. *Basileæ*. = Problematum astronomicorum et geometricorum sectiones VII, auct. D. Santbech. *Basileæ*, 1061. = Joan. Stœfleri in Procli Diadochi sphæram. 1535. = De compositione aut fabrica astrolabii, ejusdemque usu, multifariisque utilitatibus J. Stoflero authore. *Moguntiæ*, 1554, pet. in-fol., fig.

334. Composition mathématique de Claude Ptolémée, trad. du grec en français par Halma, et suivie des notes de M. Delambre. *Paris*, 1813, in-4, br. (Tome 1er.)

335. In Cl. Ptolemæi quadripartitum enarrator ignoti nominis, quem tamen Proclum fuisse quidam existimant. Item Porphyrii introductio in Ptolemæi opus de affectibus astrorum (gr. et lat.). Præterea Hermetis philosophi de revolutionibus nativitatum libri duo, incerto interprete. *Basileæ*, 1559, in-fol., vél.

336. Georgii Vallæ commentationes in Ptolemæi quadripartitum, Ciceronis partitiones et Tusculanas quæstiones ac Plinii naturalis historiæ librum secundum. *Venetiis*, 1502, in-fol., br. en cart.

336 *bis*. Gab. Pirovani de astronomia. *Mediolani*, 1507. = Eutichi Augustini Niphi ad apotelesmata Ptolemæi eruditiones. *Neapoli*, 1513, in-4, vél., non rog. — Della sfera del mondo libri IV, in lingua toscana, con figure. *Venetia*, 1561, in-4, vél.

337. La sfera del mondo di Aless. Piccolomini. *In Vinegia*, 1564, fig. = De le stelle fisse libro uno. *In Vinegia*... in-4, fig., vél.

338. De duplici viventium terra, dissertatio paradoxica, auct. Gonçalez de Salas. *Lugd.-Batav.*, *Elzev.*, 1650, pet. in-4, mar. r., fil., tr. dor.

339. Cosmographie méthodique et élémentaire, par Buy de Mornas. *Paris*, 1770, in-8, fig., v. m. — La cosmographie divisée en cinq parties, par l'abbé Expilly. *Avignon*, 1748, in-8, v. m.

540. Astronomie, par de Lalande. *Paris*, 1764, in-4, fig., 2 vol., v. m.

541. Exposition du système du monde, par Laplace. *Paris*, an VII, in-4, v. rac., fil. — Abrégé d'astronomie, par Delambre. *Paris*, 1813, in-8, fig., v. gr., fil.

342. Traité élémentaire d'astronomie physique, par J. B. Biot. *Paris*, an XIII, in-8, fig., 2 parties en 1 vol., v. gr., fil. (Tome 1ᵉʳ.)

343. Uranographie, par Francœur. *Paris*, 1812, in-8, fig., v. rac., fil. — Astronomie nautique, par de Maupertuis. *Paris*, I. R., 1745, in-8, vél.

344. L'astronomie enseignée en 22 leçons, par Ph. Cᵗ. *Paris, Audin*, 1824, in-12, fig., v. fil. — **An easy introduction to astronomy, for young gentlemen, by Jam. Ferguson.** *London*, 1772, in-8, fig., bas.

345. Traité de l'astronomie indienne et orientale, par Bailly. *Paris*, 1787, in-4, v. m.

346. Discours sur les différentes figures des astres, par de Maupertuis. *Paris*, 1742, in-8, v. m., fil., tr. dor. — Examen désintéressé des différens ouvrages qui ont été faits pour déterminer la figure de la terre, 2ᵉ édit., augmentée de l'histoire du livre (par le comte de Bièvre). *Amsterd.*, 1741, in-8, v. f., fil., tr. dor.

347. De la grandeur et de la figure de la terre (par Cassini). *Paris*, I. R., 1720, in-4, fig., v. f. — La figure de la terre, par Bouguer. *Paris*, 1749, in-4, fig., v. br.

348. Mesure des trois premiers degrés du méridien dans l'hémisphère austral, par de la Condamine. *Paris*, I. R., 1751, in-4, fig., v. m.

349. Base du système métrique décimal, ou mesure de l'arc du méridien compris entre les parallèles de Dunkerque et Barcelone, exéc. en 1792 et années suiv., par Méchain et Delambre. *Paris*, 1806 à 1810, in-4, fig., 3 vol., v. gr., dent.

350. An account of the measurement of a base on Hounslow-Heat, by general Will. Roy. *London*, 1785, in-4, fig., v. rac., fil.

351. Exposé des opérations faites en France en 1787 pour la jonction des observatoires de Paris et de Greenwich, par Cassini, Méchain et Legendre. *Paris* (1790), in-4, fig., d.-rel., dos de v.

352. An account of the trigonometrical operation, whereby the distance between the meridians of the observatories of Greenwich and Paris has been determined by general Will. Roy. 1790, in-4, fig., v. gr., fil. — An account of the mode proposed to be followed in the trigonometrical operation for determining the relative situation of the royal observatories

of Greenwich and Paris; with observat. on the magnitude and figure of the earth, by general Will. Roy. *London*, 1787, in-4, cart., v. gr., fil.

353. Mémoire sur la formule barométrique de la mécanique céleste, et les dispositions de l'atmosphère qui en modifient les propriétés, par L. Ramond. *Clermont-Ferrand*, 1811, in-4, br. — Essai sur la théorie des atmosphères, par le P. Lefranc, publ. par l'abbé Lefranc. *Paris*, 1819, in-8, d.-rel., dos de v.

354. Recueil d'observations faites pour perfectionner l'astronomie et la géographie (par Cassini, Richer, etc.). *Paris*, I. R., 1695, in-fol., v. m., fil. *Aux armes.*

355. Memorias sobre las observaciones astronomicas hechas por los navegantes Espanoles en distintos lugares del globo; ordenadas por D. Jos. Espinosa y Tello. *Madrid*, 1809, in-4, fig., 2 vol., v. f., dent. *Leroux.*

356. Ephemerides astronomicas calculadas para o meridiano do observatorio real de universidade de Coimbra. *Coimbra*, 1803-1806, in-4, 4 tom. en 2 vol., v. rac., fil., tr. dor.

357. Notizie astronomiche adattate all' uso comune da Ant. Cagnoli. *Milano*, 1818, pet. in-8, fig., v. f., dent. *Simier fils.*

358. Vocabulaire des termes de marine anglais et français, par Lescallier. *Paris*, an VI, in-4, fig., 2 vol., v. rac., fil.

359. Le grand et nouveau Miroir, ou flambeau de la mer, trad. du flamand en françois par P. Yvounet. *Amsterd.*, 1671, gr. in-fol., cart., vél.

360. Le petit flambeau de la mer, ou le véritable guide des pilotes cotiers, par Bougard. *Au Havre de Grace*, 1716, pet. in-4, fig. en bois, v. m.

361. The improved practical navigator, originally written, by Nath. Bowditch, revised and newly arranged by Thom. Kerby. *London*, 1809, in-8, fig., bas. rac. — The new american practical navigator : being an Epitome of navigation, by Nathan Bowditch. *New-York*, 1817, gr. in-8, fig., bas. rac.

362. Nautica mediterranea di Barthol. Crescentio. *In Roma*, 1602, in-4, fig., vél.

+ 363. Mémoire sur les côtes de la Haute Normandie, par de Lamblardie. *Au Havre*, 1787, in-4, fig,, d.-rel. An.

364. Lettre sur les navires des anciens et des modernes, par Leroy. *Paris*, 1787, in-8, v. éc., fil.

365. Mémoires sur les bateaux à vapeur des États-Unis d'Amérique, par M. Marestier. *Paris, I. R.*, 1824, in-4, br. et atlas.

366. Surveying improved : or the whole art, both in theory and practice fully demonstrated, by H. Wilson, to which is added Geodæsia accurata : also a new essay upon solids, by Will. Hume. *London*, 1755, in-8, fig., v. f., fil.

567. A treatise of maritim surveying, in two parts, with a prefatory essay on draughts and surveys, by Murdoch Mackensie. *London*, 1774, in-4, fig., v. gr., fil. — An account of the operations carried on for accomplishing a trigonometrical survey of England and Wales from 1784-1796, by cap. Will. Mudge and Isaac Dalby. *London*, 1799, in-4, fig., v. gr., dent.

568. Mémoire sur la projection de Cassini, par L. Puissant. *Paris*, 1812, in-4, cart. à la Brad.

569. Des marais Pontins, par M. de Prony. *Paris, I. R.*, 1818, in-4, d.-rel., dos de v., v. à n.

570. Canal de Provence, ou canal d'Aix et de Marseille, son utilité, sa possibilité, par Floquet. *Paris*, 1750, in-8, mar. r., fil., tr. dor. — Histoire du canal de Languedoc (par Faget de Baure). *Paris*, 1805, in-8, v. rac., fil.

571. Mémoire sur les moyens de conduire à Paris une partie de l'eau des rivières de l'Ivette et de la Bièvre, par Perronet. *Paris, I. R.*, 1776, in-4, fig., d.-rel. — Mémoire sur le canal souterrain près Saint-Quentin, par Aug. Cambronne. *Paris*, an IX, in-4, fig., d.-rel. — Devis général ou canal Saint-Martin, par Girard. *Paris*, 1820, in-4, fig., d.-rel.

372. Rapports, devis et descriptions des travaux du canal de l'Ourcq, par Girard. *Paris*, 1805-05-10, in-4, fig., 3 vol., d.-rel.—Rapport d'une commission d'ingénieurs sur la situation des travaux du canal de l'Ourcq. *Paris, I. R.*, 1819, in-4, v. f., fil.

372 *bis*. Mémoire sur la navigation de l'Orne inférieure, par Cachin. *Paris*, an VII, in-4, fig., d.-rel. — Projet d'un canal de navigation intérieure entre le port de Brest et la Loire à Nantes, par Alexis Rochon. *Paris*, an XI, in-4, fig., d.-rel.

573. Recueil de brochures relatives aux canaux et à la navigation de la France ; in-8, 2 vol., d.-rel.

574. De l'art du fontenier sondeur et des puits artésiens, par Garnier. *Paris, Huzard*, 1822, in-4, fig., br.

575. École de cavalerie, par de la Guérinière. *Paris*, 1769, in-8, 2 vol., fig., d.-rel.

VI. BEAUX-ARTS. — ARTS DIVERS.

576. Recueil de diverses pièces sur les arts, par Winckelmann, tr. de l'allem. *Paris*, 1786, in-8, d.-rel. — Saggio sopra la bellezza (di Or. Orlandi). *In Roma*, 1765, in-8, d.-rel.

577. Traduction des 34, 35 et 36e livres de Pline l'Anc. avec des notes par Estienne Falconnet. *La Haye*, 1773, in-8, 2 vol., v. m.

578. A treatise on ancient Painting, containing observations on the rise, progress, and decline of that art amongst the Greeks and Romans, illustrated and adorned with 50 pieces of ancient painting, by George Turnbull. *London*, 1740, 1740, in-fol., gr. pap., v. gr. à comp., rel. angl. (Il n'y a eu que 120 exemp. sur gr. pap.)

579. Le Jupiter olympien, ou l'Art de la sculpture antique, considéré sous un nouveau point de vue, par M. Quatremère de Quincy. *Paris*, *F. Didot*, 1815, gr. in-fol., fig. col., cart., n. rog.

580. Théorie du paysage, par J. B. Deperthes. *Paris*, 1818, in-8, pap. vél., v. f. ant. fil. *Doll.*

581. Considérations morales sur la destination des ouvrages de l'art, par M. Quatremère de Quincy. *Paris*, 1815. = Lettres sur le déplacement des monumens de l'art de l'Italie, par le même. *Rome*, 1815, in-8, d.-rel. — Observations scientifiques et critiques sur le génie et les principales productions des peintres et autres artistes célèbres de l'antiquité, du moyen-âge et des temps modernes, par Alex. Lenoir. *Paris*, 1824, in-8, cart. à la Brad.

582. Essai sur les beaux-arts et particulièrement sur le salon de 1817, par Miel. *Paris*, 1817 et 1818, in-8, pap. vél., fig. au trait, mar. r., dent., tr. dor. — Annuaire de l'école française de peinture ou Lettres sur le salon de 1819, par M. Kératry. *Paris*, 1820, in-12, fig., v. ant., fil.

583. Catalogue des tableaux, dessins et estampes, compos. l'une des collections de feu M. Léon Dufourny, par Delaroche. *Paris*, 1819, gr. in-4, fig. au tr., d.-rel., dos de v.

584. Les portraits des hommes illustres françois qui sont peints dans la galerie du card. de Richelieu, avec un abregé

hist. de leurs vies, par Vulson de la Colombière. *Paris*, 1655, in-fol., bas. m.

585. I dieci libri dell' architettura di M. Vitruvio tradotti et commentati da Barbaro Eletto. *In Vinegia*, 1556, in-fol., fig., v. gr., fil.

586. Palais de Scaurus ou Description d'une maison romaine (par Mazois). *Paris, F. Didot*, 1819, in-8, d.-rel., d. de v.

587. OEuvres d'architecture de M. J. Peyre. *Paris*, 1795, gr. in-fol., fig. d.-rel.

588. Description historique des maisons de Rouen. *Paris, F, Didot*, 1821, in-8, fig. au tr., v. ant , fil., fers à fr. tr. dor. *Doll.*

589. Essais sur l'architecture des Chinois, sur leurs jardins, leurs principes de médecine, leurs mœurs et usages, avec des notes (par Delatour). *Paris, Clousier*, 1803, in-8, mar. rou. dent., tr. dor. *Bozerian jeune.* (Rare.)

590. Description historique et pittoresque du château de Chambord, par MM. Merle et Perié. *Paris, P. Didot a.*, gr. in-fol., pap. vél., fig. sur pap. de Chine ; 2 livraisons, compl.

591. Description générale de l'hôtel royal des Invalides. *Paris*, 1683, in-fol., fig., v. br.

592. Plans du palais de la Bourse de Paris et du cimetière Mont-Louis, en six planches, par Alex. Théod. Brongniart, archit. *Paris, Crapelet*, 1814, gr. in-fol., br.

593. Pont en pierre à construire sur la Seine à Rouen, 2ᵉ devis. *Paris, Gœury*, 1815, in-4, fig., d.-rel.

594. Dissertations sur les projets de coupoles de la halle au blé de Paris, par Ch. Fr. Viel. *Paris*, 1809, in-4, fig., br. — Projet d'une place et d'un monument triomphal en mémoire de la campagne d'Espagne, en 1823, in-fol., 3 fig. lithogr.

595. An act for better paving, improving and regulating the streets of the metropolis. *London*, 1820, in-8, d.-rel., dos de v.

596. Plans des hopitaux et hospices de la ville de Paris. *Paris*, 1820, in-4, fig., d.-rel., pap. mar., dos de mar. rou., tr. dor.

597. Essai sur les cloaques ou égouts de la ville de Paris, par Parent-Duchâtelet. *Paris*, 1824, in-8, br.

598. Cl. Ptolemæi harmonicorum libri III (gr. et lat.), cum notis Jo. Wallis. In-fol., v. br.

Le titre gravé est en blanc : édition anglaise.

399. Traité historique et pratique sur le chant ecclésiastique,
par l'abbé Lebeuf. *Paris*, 1741, in-8, v. br. — Traité de
la viole, par J. Rousseau. *Paris*, 1687, in-8, v. br.

400. Spécimen des nouveaux caractères de la fonderie et de
l'imprimerie de P. Didot l'aîné. *Paris*, 1819, in-4, pap.
vél., cart. à la Brad. — Épreuves de caractères arabes gravés et fondus par Molé jeune, sous la direction de M. Langlès. *Paris*, 1823, in-4, pap. vél., br.

401. Système universel et complet de sténographie, par Bertin.
Paris, an III, in-8, v. gr., fil.

402. Isographie des hommes célèbres ou Collection de fac
simile de lettres autographes et de signatures. *Paris*, in-4,
29 livraisons.

BELLES-LETTRES.

I. LINGUISTIQUE.

403. **De locutione** et ejus instrumentis tractatus Hieron. Fa-
bricii, medici. *Venetiis*, 1603, in-4, fig., d.-rel., d. de v.

404. **Grammaire** générale et raisonnée de Port-Royal, par Arnauld et Lancelot, revue par M. Petitot. *Paris*, 1803, in-8,
v. rac., fil.

405. **Vocabulaire** en six langues, russe, grec, latin, français,
allemand et anglais. (Imprimé en Russie.) 1763, in-8,
v. f., fil.

406. **De Volney :** Simplification des langues orientales. *Paris*,
Imp. de la Rép., an III, in-8, d.-rel. — L'alfabet européen
appliqué aux langues asiatiques. *Paris*, *F. Didot*, 1819,
in-8, v. f., ant. *Simier fils.*

407. **Exercices** de lecture d'arabe littéral (par M. Marcel);
an VI, in-8, br.

408. **Grammaire** arabe-vulgaire du dialecte d'Égypte, par J.
J. Marcel. *Au Kaire, de l'Imp. nat.*, an VIII, pet. in-4, cart.
à la Brad., n. rog. Ouvrage qui n'a pas été terminé.

409. **Chrestomathie** arabe, ou Extraits de divers écrivains
arabes, tant en prose qu'en vers, par M. Silvestre de Sacy.
Paris, Imp. Imp., 1806, in-8, 3 vol., v. gr., fil.

410. **Specimen armenum,** edid. J. J. Marcel. *Lutetiæ-Parisior.*,
1829, in-8, cart.

411. Rudimenta grammatices linguæ turcicæ, viam monstrante Andreâ du Ryer. *Lutetiæ-Parisior.*, 1633, in-4, v. fil.

412. Dittionario della lingua italiana turchesca raccolto da Giov. Molino. *In Roma*, 1651, in-8, v. ant.

413. De studiis sinicis dissertatio, aut. Ant. Montucci. *Berolini*, 1808, in-4, pap. vél., d.-rel., dos. de v.

414. A grammar of the chinese language, by Rob. Morrison. *Serampore*, 1815, in-4, br. en cart.

415. Dictionnaire chinois-français et latin (par le P. Basile de Glemona), publ. par M. de Guignes. *Paris, I. Imp.*, 1813, in-fol., v. rac., dent. *Simier.*

416. A dictionary of the chinese language in three parts, the first, containing chinese and english arranged according to the radicals; the 2ᵈ chinese and english alphabetically and the 3ᵈ english and chinese, by the rev. Rob. Morrison. *Macao in China*, 1815, 16, 18, 19, 20 et 1822, in-4, 5 vol. en 7 part., br. et cart. à l'angl.

417. Alphabet mantchou, par L. Langlès. *Paris, Imp. Imp.*, 1807, gr. in-8, pap. vél., br. en cart.

418. Dictionnaire tartare-mantchou-français, par L. Langlès. *Paris, Didot a.*, 1789, in-4, 5 tom. en 1 vol., v. rac., fil.

419. An introduction to the most useful european languages, consisting of select passages from the most celebrated english, french, italian, and spanish authors, with translations, by Jos. Baretti. *London*, 1772, in-8, v. gr., fil.

420. Nouv. méthode pour apprendre facilement la langue grecque (par MM. de Port-Royal). *Paris*, 1754, in-8, v. m.

421. Cours de langue grecque, ou Extraits de différens auteurs, avec la traduction interlinéaire latine et française et des notes grammaticales, par Gail. *Paris*, an vi, in-8, 3 vol., br. en cart. (*Impr. sur peau de vélin.*)

422. Joan. Verwey nova via docendi græca. *Amst.*, 1737, in-8, vél. — Le jardin des racines grecques (par Lancelot). *Paris*, 1774, in-12, v. rac., fil., tr. dor.

423. Novum Lexicon græcum etymologicum et reale, cui pro basi substratæ sunt concordantiæ et elucidationes Homericæ et Pindaricæ, coll. et digessit Christ. Tob. Damm. *Berolini*, 1765, in-4, d.-rel.

424. C. Schrevelii Lexicon manuale græco-latinum. *Parisiis*, 1779, in-8, parch. — Dictionnaire français-latin, par Noël. *Paris*. 1824, in-8, parch.

425. Osservationi intorno alle bellezze della lingua latina di Angelo Rocca. *In Venetia, Aldo,* 1590, pet. in-8, parch.

426. Prisciani grammatici cæsariensis libri omnes. 1528, v. gr., fil.

427. Novitius seu Dictionar. lat. gall. Schreveliana methodo digestum. *Lutetiæ-Parisior.,* 1721, in-4, 2 vol., v. br.

428. Diccionario de la langua castellana compuesto por la real academia espanola. *Madrid,* 1783, in-fol., v. porph., fil.

429. Nouv. Dictionnaire espagnol-français et franç.-espag., par Gattel. *Lyon,* 1790, in-8, 4 tom. en 2 vol., bas.

430. A Dictionary spanish and english, and english and spanish, by Jos. Baretti. *London,* 1778, in-fol., v. gr.

431. Grammatica lusitano anglica, comp. per Jacob de Castro. *Lisboa,* 1777, pet. in-8, bas.

432. Opere postume del padre Stanislao Bardetti : della lingua de' primi abitatori dell' Italia. *Modena,* 1772, in-4, v. gr., dent.—De' primi abitatori dell' Italia. *Modena,* 1769, in-4, 2 tom. en 1 vol., v. gr., dent.

433. Osservazioni concernenti alla lingua italiana ed a' suoi vocabolari. *Parma,* 1823, in-8, br. — Grammaire italienne, par l'abbé de Boldoni. *Paris,* 1787. = Lettres sur les ouvrages et le caractère de J. J. Rousseau (par Mme de Staël); 1789, in-12, v. f. — Grammatica spagnuola ed italiana comp. da Lorenzo Franciosini. *In Roma,* 1638, in-8, vél.

434. Joach. Perionii, dialogorum de linguæ gallicæ origine, ejusque cum græca cognatione libri IV. *Parisiis,* 1554, in-8, v. f., ant., à comp. aux armes.

435. Dissertations sur l'universalité de la langue française. *Berlin,* 1784, in-4, d.-rel. — Discours préliminaire du nouveau Dictionnaire de la langue française, par A. C. de Rivarol. *Hambourg,* 1797, in-4, v. rac.

436. Recueil des antiquités gauloises et françoises. *Paris,* 1579, in-4, vél.

437. Thrésor de la langue françoyse tant ancienne que moderne, par J. Nicot. *Paris,* 1606, in-fol., d.-rel.

438. Grammaire des grammaires, par Girault Duvivier. *Paris,* 1814, in-8, 2 vol., v. rac., fil.

439. Dictionnaire de l'Académie française. *Paris,* an VI (1798), in-4, 2 tom. en 1 vol., v. rac.

440. Nouv. Vocabulaire français, par de Wailly. *Paris,* 1818, in-8, v. f., fil. *Simier.*

441. Le même. *Paris*, 1821, in-8, pap. vél., v. f., fil. *Simier fils.*

442. Dictionnaire languedocien-françois, par l'abbé de S*** (Sauvages). *Nismes*, 1756, in-8, bas. m.

443. Grammaire françoise-celtique, ou françoise-bretonne, par le P. F. Grégoire de Rostrenen. *Rennes*, 1738, in-8, v. br.

444. Dictionnaire et colloques françois-bretons, divisés en trois parties, par Guil. Quiquier de Roscoff. *Morlaix*, 1633, in-16, v. br., fil.

445. Dictionnaire françois-celtique ou françois-breton, par le P. Grég. de Rostrenen. *Rennes*, 1732, in-4, v. br. (Fatigué.)

446. Dictionnaire de la langue bretonne, par D. Louis Le Pelletier. *Paris*, 1752, in-fol., v. m.

447. Dictionnaire françois-breton ou françois-celtique, enrichi de thèmes, par l'A***. *Paris*, 1756, in-8, v. m.

448. Noúveau dictionnaire ou colloque françois-breton. *Quimper*, 1775, in-8, d.-rel.

449. Détachemens de la langue primitive : celle des Parisiens avant l'invasion des Germains, la venue de César et le ravage des Gaules, par le Brigant. *Paris*, 1787. == Aütres détachemens, etc. : celle des François, etc., par le même. *Paris*, 1787, in-8, d.-rel.

II. PHILOLOGIE.

450. De la littérature considérée dans ses rapports avec les institutions sociales, par Mme de Staël. *Paris*, an VIII, in-8, 2 vol., v. rac., fil.

451. Asconii Pediani explanatio in Ciceronis orationes in C. Verrem, pro C. Cornelio, contra competitores, pro M. Scauro, contra L. Pisonem, pro Milone; scholia P. Manutii. *Venetiis, Aldus*, 1563, pet. in-8, d.-rel.

452. P. Manutii in orationem Ciceronis pro P. Sextio commentarius. *Venetiis, Aldus*, 1559, pet. in-8, vél. — Ejusdem commentarius in epistolas Ciceronis ad Atticum. *Venetiis, Aldus*, 1561, pet. in-8, d.-rel.

453. Pet. Petiti, Miscellanearum observationum libri IV, nunquam ante hac editi. *Traj. ad Rhen.*, 1682, in-8, v. br. — P. Wesseling probabilium liber singularis in quo præter alia insunt vindiciæ verborum Joannis *et Deus erat verbum*. *Ultrajecti*, 1731. == Ejusd. observationum variarum libri II.

Traj. ad Rhen., 1740. = Ejusd. diatribe de Judæorum ar-
chontibus ad inscriptionem berenicensem, et dissertatio de
Evangeliis jussu imp. Anastasii non emendatis in Victorem
Tunnunensem. *Traj. ad Rhen.*, 1748, in-8, v., fil.

454. Dissertationes academicæ Upsaliæ habitæ sub præsidio
Car. Petr. Thunberg. *Gottingæ*, 1799, pet. in-8, 3 vol., v.
rac., fil.

454 *bis*. Chr. G. Heynii opuscula academica, collecta et animadversionibus locupletata. *Gottingæ*, 1785, in-8, 6 tom.
en 3 vol., v. gr., fil.

455. Mines de l'Orient exploitées par une société d'amateurs,
sous les auspices du comte Venceslas Rzevusky. *Vienne*,
1809-1811, in-fol., 2 vol., v. gr., fil.

456. De l'influence des femmes sur la littérature française,
par Mme de Genlis. *Paris*, 1811, in-12, 2 vol., v. rac., fil.,
tr. dor.

457. De l'universalité de la langue françoise. *Berlin*, 1784.
= Discours public sur les langues, et sur la langue françoise en particulier, par de Villencour. *Paris*, 1780. =
Deux dissertations : 1° sur l'origine du langage, et 2° sur
les runes, avec des essais sur divers sujets. *Copenhague*,
1767, in-8, v. rac.

458. Les sentimens de l'académie françoise sur la tragi-comé-
die du Cid. *Paris*, 1638, in-8, vél., gr. pap. — La Téléma-
comanie, ou la censure et critique du roman de Télémaque
(par l'abbé P. Faydit). *A Eleutérople*, 1700, in-12, v. f.

459. Dialogues critiques (par Hoffmann). *Paris*, 1811, in-8,
d.-rel., dos de v. — Observations sur l'ouvrage de Mme de
Staël : Considérations sur les principaux événemens de la
révolution française, par M. de Bonald. *Paris*, 1818, in-8,
d.-rel., dos de v.

460. Cours analytique de littérature générale, par N. L. Lemercier. *Paris*, *Nepveu*, 1817, in-8, 4 tom. en 3 vol., v.
f., fil. *Simier*.

461. Lectures on rhetoric and belles-lettres by Hugh Blair.
Basil, 1788, in-8, 3 vol., v. f.

462. Lettres sur l'harmonie du langage, par M. Brès. *Paris*.
Lefuel, in-18, pap. vél., 2 vol., v. viol., dent., fers à fr.,
tr. dor.

463. Exemples de style, extraits de Racine et de Boileau, par
M. Panckoucke. *Paris*, 1826, in-8, v. ant., fers à fr., dos à
nerfs. *Ponge*.

III. COMPOSITION.

§ I. PROSE.

1. ORATEURS.—ÉPISTOLAIRES.

464. M. T. Ciceronis et Portii Latronis in Catilinam orationes. *Parisiis, Renouard*, 1796, in-18, pap. vél., v. f., dent., tr. dor.—C. Plinii sec. Panegyricus Trajano dictus. *Parisiis, Renouard*, 1796, in-18, pap. vél., v. f., dent., tr. dor.

465. Oraisons funèbres de Bossuet, Fléchier et autres orateurs, avec des notices, par Dussault. *Paris, L. Janet*, 1820, in-8, gr. pap. vél., fig. av. la lettre, 4 vol., d.-rel., dos de mar. puce, n. rog.

466. Oraisons funèbres de Bossuet, avec des notes de tous les commentateurs. *Paris, Lefèvre*, 1825, in-8, gr. pap. vél., d.-rel., dos·de mar. r., non rog.

467. Recueil des harangues prononcées par MM. de l'académie dans leurs réceptions, etc. *Paris*, 1688, in-4, mar. v., f., tr. dor.

468. Discours prononcés à l'académie, rassemblés en 5 vol. in-4, d.-rel., dos de v.

469. Discours et mélanges littéraires, par M. Villemain. *Paris*, 1825, in-8, br.

470. In funere Josephi II oratio habita in sacello Quirinali ad SS. D. N. Pium VI, ab. Hannibale Genghæ. *Romæ*, 1790, in-4, v. dent., tr. dor.

471. Les épistres de Sénèque. *Paris*, 1681, in-12, 2 vol., v. br. (gr. pap.) — Recueil des épitres, lettres et préfaces de M. de la Chambre. *Paris*, 1664, in-12, v. br.

472. Delle lettere di M. Claudio Tolomei libri VII. *In Vinegia*, 1572, pet. in-8, cart.

473. Pauli Manutii epistolarum libri XII, ejusd. quæ præfationes appellantur. *Venetiis, Aldi*, 1529, pet. in-8, vél.

474. Lettere volgari di Paolo Manutio, in IV libri. *In Venetia, Aldus*, 1560, pet. in-8, vél.

475. Lettres d'Abailard et d'Héloïse, trad., avec le texte en regard, par Bastien. *Paris*, 1782, in-8, pap. de Holl., 2 vol., v. f., fil.

476. Lettres inédites de Henri II, Diane de Poitiers, Marie Stuart, François, dauphin, etc., ou correspondance secrète

de la cour sous Henri II, etc., par Gail. *Paris*, 1828, in-8, br.

477. Lettres historiques et galantes de Mme Dunoyer. *Londres*, 1741, in-12, 6 vol., v. m.

478. Correspondance inédite de Mme de Chateauroux, publiée par Mme Gacon-Dufour. *Paris, Léop. Collin*, 1806, in-12, 2 tom. en 1 vol., v. gr., dent. — Lettres de Mlle de Lespinasse, publ. par de Guibert. *Paris*, 1811, in-12, 2 tom. en 1 vol., d.-rel. — Lettres de Lauragais à Mme ***. *Paris*, 1802, in-8, d.-rel.

479. Lettres inédites de Voltaire à Frédéric le Grand. *Paris*, 1802, in-8, d.-rel. — Lettres originales de J.-J. Rousseau. = Lettres originales de Butta-Fuoco à J.-J. Rousseau, publ. par Ch. Pougens. *Sans lieu ni date*, in-18. v. rac., fil.

480. Lettres originales de Mirabeau, écrites du donjon de Vincennes, recueillies par P. Manuel. *Paris*, 1792, in-12, 4 v., d.-rel.

+481. Lettres et pensées du prince de Ligne, publiées par Mme de Staël. *Paris*, 1809, in-8, v. gr., fil. Las. An.

482. Epistolas familiares de D. Ant. de Guevara. *Envers*, 1553, pet. in-8, v. br.

483. The letters of Thomas Gray, chronologically arranged from the Walpole and Mason collections. *London*, 1819, in-18, pap. vél., 2 tom. en 1 vol., v. ant., dent., fers à fr. *Thouvenin*.

2. FICTIONS.

I. Emblèmes, Allégories. — Fables et Contes.

+484. La philosophie fabuleuse, par Pierre de la Rivey. *Rouen*, 1620, pet. in-12, v. ant., fers à fr. *Bibolet*. Las.

485. Recueil d'emblèmes, devises et médailles, figures hiéroglyphiques, accompagné de plus de deux mille chiffres couronnez, simples, doubles, etc., par Verrien, grav. *Paris, Gl. Jombert*, 1724, in-8, fig., v. m.

486. Amoris divini emblemata studio et ære Othonis Vænii concinnata. *Antuerpiæ*, 1615, in-4, fig., v. br.

+487. Symbola et emblemata ex aquatilibus et reptilibus desumpta, à Joach. Camerario. *Francofurti*, 1661, in-4, fig., v. br. Las

488. Encomium moriæ, Desiderii Erasmi declamatio. *Parisiis, Barbou*, 1777. = Utopiæ libri II, autore Th. Moro. *Parisiis, Barbou*, 1777, in-12, v. f., fil., tr. dor.

489. Le Songe de Bocace, trad. de l'italien. *Paris*, 1698, in-12, v. br.

490. The vision of judgement, by Quevedo Redivivus. *Paris*, *Belin*, 1822, in-12, pap. vél., d.-rel., dos de v.

491. Recueil des fables d'Ésope, de Phèdre et de La Fontaine qui ont rapport les unes aux autres, avec des notes, par Gaullyer. *Paris*, 1728, in-12, v. rou. dent. à comp., tr. dor. *Simier*.

492. Æsopi fabulæ, græcè et latinè, cum aliis opusculis, etc. *Basileæ*, 1538, in-8, mar. r., fil., tr. dor.

493. Fables diverses tirées d'Ésope et d'autres auteurs, avec une explication nouvelle, par R. D. F. (Raphaël du Fresne). *Paris*, 1659, in-4, fig., v. m.

494. Les fables d'Ésope, gravées par Sadeler, avec un discours préliminaire et les sens moraux en distiques. *Paris*, 1743, in-4, fig., v. m.

495. Æsop's fables. *London*, *s. d.*, in-18, pap. vél., fig., v. rac., fil.

496. Discipline de Clergie, avec le texte en regard, par Pierre Alphonse. — Le chastoiement d'un père à son fils, par le même, trad. en franç. *Paris*, *Rignoux*, 1824, in-8, 2 vol., v. rou., fil., tr. dor. (De la Société des bibliophiles franç.)

497. Les contes ou les Nouvelles récréations et joyeux devis de Bonav. des Perriers, avec des notes, par de la Monnoye. *Amsterd.*, 1755, pet. in-12, 3 vol., v. gr.

498. Le printemps d'Yver, contenant cinq histoires, par Jacq. Yver. *Rouen*, 1618, pet. in-12, v. ant., dent., tr. dor.

499. Sérées de Guillaume Bouchet. *Rouen*, 1635, in-8, d.-rel., dos de mar. r.

500. Les contes du sieur d'Ouville. *Amsterd.*, 1732, in-12, 2 tom. en 1 vol., v. fil. — Histoires françaises, galantes et comiques. *Amst.*, 1710, in-12, fig., v. gr., fil.

501. Contes moraux, par Marmontel. *Paris*, 1775, in-12, fig., 3 vol., v. éc., fil., tr. dor. — Contes moraux tirés des tragédies de Shakespeare, par Perrin. *Londres*, 1783, in-12, bas.

502. L'hermite de la Chaussée d'Antin (par M. de Jouy). *Paris*, *Pillet*, 1815, in-12, fig., 3 vol., d.-rel., dos de v.

503. Decameron di Giovanni Bocaccio con note. *Parma*, 1812, in-18, 8 tom. en 4 vol., v. f., fil.

504. Le Décameron de messire Jehan Bocace Florentin, nouvelle trad. d'ital. en françois, par Anth. le Macon. *Paris,
Est. Roffet*, 1545, pet. in-fol., fig. en bois, v. f.

505. Contes de Bocace, trad. par Sabatier de Castres. *Paris,*
an x, in-18, fig., 11 vol., bas. rac.

506. Novelle amorose di Girolamo Brusoni. *In Venetia*, 1655,
in-24, d.-rel.

+ 507. Le cene di Anten Francesco Grazzini detto il Lasca. *Milano*, 1815, in-8, pap. vél., 3 tom. en 1 vol., mar. rou.,
fil., doublé de mar. r., tr. dor.

508. Novelle morali di Franc. Soave, e novelle scelte di autori
italiani antichi e moderni da Constantini. *Parigi*, 1812,
in-12, pap. vél., 2 tom. en 1 vol., v. gr., dent., tr. dor.

509. The british novelists, with prefaces, by Mrs Barbauld.
London, 1810, in-12, pap. vél., 50 vol., v. gr., fil.

510. An arabian tale, from an impublished manuscript. :
with notes critical and explanatory. *London*, 1786, in-8,
v. rac.

+ 511. Les mille et une Nuits, contes arabes trad. par Galland;
augm. par M. Destains et précédés d'une notice hister., par
M. Nodier. *Paris, Galliot*, 1822, in-8, pap. vél., fig. sur
pap. de Chine, 6 vol., v. f., fil., tr. dor.

512. Histoire de la sultane de Perse et des visirs, contes turcs
compos. par Chéc Zadé et trad. en franç. *Paris*, 1807,
in-12, v. br.

2. Romans.

+ 513. Traité de l'origine des romans, par Huet. *Paris*, 1685,
in-12, v. br. — De l'usage des romans, par Gordon de Per-
cel (Lenglet Dufresnoy). *Amst.*, 1734, in-12, 2 vol., v. gr.

514. Parthenii de amatoriis affectionibus liber (gr. et lat.),
Jano Cornario interprete. 1531.═Procli sphæra (gr. et lat.),
Thom. Linacro interp. *Basileæ*, 1531, pet. in-8, d.-rel.

515. Les amours pastorales de Daphnis et Chloé (trad. du
grec de Longus, par Amyot). 1745, in-8, tiré sur pap.
in-4, fig., v. porph., fil., tr. dor.

516. Les amours pastorales de Daphnis et Chloé, trad. du
grec de Longus, par Amyot. *Paris, Didot a.*, an viii, in 18,
pap. vél., mar. bl., doub. de moire rose. *Bozerian jeune.*

517. Di Senofonte Efesio degli amori di Abrocome d'Antia
lib. V, tr. da A. M. Salvini. *Londra*, 1723, in-18, v. rac., fil.

518. Silvii Æneæ historia de duobus amantibus, cum multis epistolis amatoriis. (*Absque loco et anno*), pet. in-4, vél.

519. Le avventure di Saffo, poetessa di Mitilene, traduzione del greco. *Vercelli*, 1783, in-8, v. rac., fil.

520. Choix de petits romans de différens genres, par L. M. D. P. (le marquis de Paulmy). *Paris*, 1789, in-18, 2 vol., v. rac.

521. L'astrée de messire Hon. d'Urfé. *Paris*, 1633, in-8, fig., 5 vol., mar. rou., fil., tr. dor., réglé.

522. Collection de romans historiq. publ. par M. de Laborde, savoir : Histoire secrète de Bourgogne, par Mlle de la Force. *Paris, Didot a.*, 1782, 3 vol. — Histoire de Marguerite de Valois, reine de Navarre, par la même. 1783, 6 vol. — Les amours du grand Aléxandre, par Mlle de Guise. 1786, pap. vél., 2 vol. — Le prince de Condé, par Boursaut. 1792, pap. vél., 2 vol. Les 13 vol. in-12, mar. r., fil., tr. dor.

523. Les aventures de Télémaque, par Fénélon, avec les fig. de Cochin et Moreau jeune. *Paris, Imp. de Monsieur*, 1790, in-8, pap. vél., 2 vol. br. en cart. Plus, un 3e vol. cont. les fig.

524. Aventures de Télémaque, par Fénélon. *Paris, Lequien*, 1820, in-8, fig., 2 tom. en 1 vol., v. rou., fers à fr., tr. dor. *Simier*.

525. De madem. de la Force : Histoire secrète de Bourgogne. *Paris*, 1694, in-12, 2 vol., v. br. — Histoire de Marguerite de Valois, reine de Navarre. *Paris*, 1720, in-12, 4 vol., v. f.

526. Histoire de Gil-Blas de Santillane, par Lesage, avec des notes historiq. et littér., par le comte François de Neufchâteau. *Paris, Lefèvre*, 1820, in-8, gr. pap. vél., fig. avant la lettre, 3 vol., d.-rel., dos de mar. bl., n. rog. *Thouvenin*.

527. De M. de Tressan : Histoire de Tristan de Léonois. *Paris*, (*Didot*), 1781, in-18, mar., v. fil., tr. dor. — Histoire du petit Jehan de Saintré et de la dame des belles Cousines et histoire de Gérard de Nevers et de la belle Euryant, sa mie. *Paris, Didot jeune*, 1791 et 1792, in-18, pap. vél., fig., avec et avant la lettre, 2 vol., mar. bl., dent., fers à fr , tr. dor., doublés de moire.

528. Histoire de Manon Lescaut et du chevalier des Grieux, par l'abbé Prévot. *Paris, Didot a.*, 1797, in-18, pap. vél., fig., 2 vol., v. f., dent., tr. dor. *Bozerian jeune*.

529. Lettres d'une Péruvienne, par Mme de Graffigny. *Paris*,

Didot a., 1797, in-18, pap. vél., 2 vol., v. f., dent., tr. dor. *Bozerian jeune.*

550. Les liaisons dangereuses, par C*** de L*** (Choderlos de de Laclos). *Londres*, 1796, in-8, pap. vél., fig. av. la lettre, 2 vol., mar. bl., dent. à comp., tr. dor., doublés de moire rose, dent. *Bozerian jeune.*

531. Jacques le Fataliste et son maître, par Diderot. *Paris*, an VI, in-12, fig., 2 vol., bas. rac., dent. — Le compère Mathieu (par l'abbé Dulaurens). *Malte*, 1793, in-18, fig., 4 tom. en 2 vol., v. rac. — Le vicomte de Barjac (par Choderlos de Laclos). *Dublin*, 1784, in-8, bas. gr.

532. Paul et Virginie, par Bernardin de Saint-Pierre. *Paris*, *Imp. de M.*, 1789, in-8, pap. vél., fig., mar. rou., dent., tr. dor., doublé de moire bl., dent. *Bozerian j.* — La chaumière indienne, suivie du café de Surate et du voyage en Silésie, par Bernardin de Saint-Pierre. *Paris, Didot a.*, 1807, in-18, pap. vél., mar. rou., dent., tr. dor., doub. de teb.

533. Paul et Virginie, par Bernardin de Saint-Pierre. *Paris*, *Didot a.*, 1806, in-4, pap. vél., fig., cart. à la Brad.

534. Les mêmes. *Paris, Déterville*, 1816, in-18, pap. vél., fig. av. la lettre, mar. r., fil., fers à fr., tr. dor. *Thouvenin.*

535. Primerose, par M. Morel de Vindé. *Paris, Didot a.*, 1796, in-18, pap. vél., fig., v. f., dent., tr. dor. *Bozerian jeune.* — Praxile (par Girard). *Paris*, an VII, in-18, v. rac., fil.

536. De mad. de Staël : Delphine. *Paris*, 1803, in-12, 5 vol., v. rac., fil. — Corinne ou l'Italie. *Paris*, 1807, in-8, 2 vol., v. gr., fil.

537. De mad. de Flahault : Émilie et Alphonse. *Paris*, an VII, in-12, 5 vol., d.-rel. — Eugène de Rothelin. *Paris*, 1808, in-12, 2 tom. en 1 vol., d.-rel., dos de v. — Mademoiselle de Tournon. *Paris*, 1820, in-12, 2 tom. en 1 vol., d.-rel.

538. Claire d'Albe, par la C*** (mad. Cottin). *Paris*, an VII, in-12, v. rac. — Mademoiselle de La Fayette, par Mᵐᵉ de Genlis. *Paris*, 1813, in-12, 2 tom. en 1 vol., d.-rel., dos de v. — Adolphe, anecdote publiée par Benjamin Constant. *Paris*, 1816, in-12, d.-rel.

539. Les martyrs, par M. de Châteaubriant. *Paris, Lenormant*, 1809, in-8, 2 tom. en 1 vol., v. rac., fil.

540. Oberman, par M. de Sénancour. *Paris*, an XII, in-8, 2 vol., v. rac., fil. — Charles Barimore (par M. Forbin Janson). *Paris, Maradan*, 1817, in-8, fig., v. gr., dent.

541. Un lot de romans français qui pourront être divisés, savoir : Alicia; Eugène et Guillaume; Éveline; Folies du
siècle; Georges et Clary; Iolanda Fitzalton; Jules; Julie;
Ladouski et Floreska; Maurice; Narcisse; Neïla; la Récon-
ciliation; la Sœur de sainte Camille; les vieilles femmes de
l'île de Sein.

542. Le ministre de Wakefield, par Goldsmith, trad. de
l'angl. (par mad. Montesson). *Paris*, an IV, in-18, 2 tom.
en 1 vol., v. rac. — Janthé, ou la Rose du Mont-Snodon,
trad. de l'angl. d'Émilie Clarcke, par J. L. L***. *Paris*,
1801, in-12, 2 tom. en 1 vol., fig., d.-rel.

543. De Regina Marie Roche : Clermont, trad. de l'angl , par
Morellet. *Paris*, an VII, in-12, fig., 3 vol., d.-rel. — La
fille du hameau, trad. de l'angl. par M*** (Morellet). *Paris*,
an XI, in-18, fig., 4 tom. en 2 vol., d.-rel.

544. The judge family in Paris, edited by Th. Brown. *London*,
1818, in-12, pap. vél., v. f., dent., tr. dor. — The italian
romance, by miss Guion. *Brentford*, 1801, in-12, 2 tom.
en 1 vol., d.-rel.

545. Lalla Rookh, an oriental romance, by Th. Moore. *London*, 1818, in-8, pap. vél., v. f. *Simier*.

546. The Vampyre, a tale. *London*, 1819, in-8, pap. vél.,
d.-rel. *Simier*. — Lara, a tale (by lord Byron). Jacqueline
a tale (by Sam. Roger). *London, J. Murray*, 1814, in-12,
pap. vél., v. f., fil., tr. dor.

547. Anastasius, or memoirs of a Greek (by Hope). *London*,
1820, in-8, 3 vol., v. ant., fil., dos à nerfs. *Simier*.

548. Marmion : a tale, by Walter Scott. *Edinburgh*, 1815,
1 vol.—Sir Tristem : a romance, by Thom. of Erceldonne,
called the Rhymer, edited by Walter Scott. *Edinburgh*,
1819, 1 vol. Les deux vol. in-8, pap. vél., v. f. *Simier*.

549. Les romans suivans de Walter Scott, en anglais, in-12,
édition d'Édimbourg : Waverley, 1817, 3 vol. — Guy
Mannering. 1817, 3 vol. — Tales of my Landlord the 1st
2e and 3e series. 1818 et 1819, 12 tom. en 6 vol. — Rob
Roy. 1818, 4 vol.—The antiquary. 1818, 3 vol. — Ivanhoe.
1820, 3 vol. — The abbot. 1820, 3 vol. — Kenilworth.
1821, 3 vol.—The pirate. 1822, 3 vol. Les 28 vol., v. f., fil.

550. Quentin Durward. 1823, 3 vol. Les romans suivans de
Walter Scott, en anglais, édition in-12, de Galignani :
Redgauntlet. 1824, 3 vol. — Tales of the Crusaders. 1825,
4 vol. Les 10 vol., d.-rel., dos de v. — Woodstock. 1826,

5 vol. — Mémoires of Jonathan Swift. 1826, 1 vol. Ces
4 vol. br.

551. Count Robert of Paris. = Castle dangerous (by Walter
Scott). *Paris, Baudry*, 1831, in-8, br.

552. Werther, par Goethe. *Francfort*, 1775, in-12, v. rac.,
fil. *(En allem.)* — Werther, trad. de l'allem. *Basle*, 1801,
in-18, 2 tom. en 1 vol., d.-rel.

553. Les souffrances du jeune Werther, trad. nouv. (par Se-
velinges). *Paris, Didot a.*, 1809, in-8, pap. vél., fig., v.
bl., dent., tr. dor.

554. Bianca Capello, roman dramatique, imité de l'allem.
par Rauquil-Lieutaud. *Paris, Didot a.*, 1790, in-12, pap.
vél., 2 vol., v. gr., fil.

555. Hermann et Dorothée, par Goethe. *Brunswick*, 1799,
pet. in-8, fig., v. vert., fil. *(En allem.)* — Robinson le
jeune, par Campe, édition revue par Junker. *Strasbourg*,
1784, pet. in-8, 2 vol., v. gr., fil. *(En allem.)*

555 *bis*. Antar, a Bedoueen romance, transl. from the arabic,
by Terrick Hamilton. *London, J. Murray*, 1819, in-8, 4 t.
en 2 vol., pap. vél., v. ant., dent., fers à froid.

556. Hau Kiou Choaan, histoire chinoise, trad. de l'angl.,
par M***. *Lyon*, 1766, in-12, fig., 4 vol., v. f. — Unsong,
histoire orientale, par le baron de Haller, trad. de l'allem.
Paris, 1765, in-12, d.-rel.

5. Facéties, Satires, Critiques.

557. Facetiæ facetiarum. *Francof. ad Mœn.*, 1695, in-16,
2 vol., v. m.

558. Poggii facetiæ. *Trajecti ad Rhœn.*, 1797, in-24, 2 vol.,
v. f., fil., tr. dor. *Ledoux.*

559. L. Domit. Brusonii facetiarum exemplorumque, lib. VII,
opera ac stud. Conr. Lycosthenis. *Lugduni*, 1560, in-8, v.
m., fil. tr. dor.

560. Les facétieuses nuits du seigneur Straparole. 1726, pet.
in-12, 2 vol., v. m.

561. Œuvres de maître Franç. Rabelais, avec des remarques
historiques et critiques par le Duchat, et les figures de B.
Picart. *Amsterd., J. F. Bernard*, 1741, in-4, fig., 3 vol.,
v. m.

562. Œuvres de Rabelais, édit. variorum, publ. par MM. Es-
mangart et Éloi Johanneau. *Paris, Dalibon*, 1825, in-8, gr.

pap. vél., fig. avant la lettre, 9 vol., d.-rel., dos de mar
vert, non rog.

563. Asserta veritas genuina nihili, auct. Franc. de Licht.
Antuerpiæ, 1642, in-52, v. f. — Hippolytus redivivus, id
est, remedium contemnendi sexum muliebrem, autore S. J.
E. D. V. M. W. A. S. 1644, pet. in-12, bas. m.

564. Dictionnaire d'amour, par M. D***. *Osnabrug*, 1741, pet.
in-12, v. m.—Essai sur l'amour (par Dreux). *Paris*, an VII,
in-18, d.-rel. *Sch.*

565. Les quinze joyes de mariage. *Rouen*, 1596, pet. in-12,
v. rou., fers à fr., à comp., tr. dor., régl. *Simier*.

566. Hecatomphila di Leon Battista Alberto, ne laquale ne
insegna l'ingeniosa arte d'amore. *In Venetia*, 1545. =
Deiphira del medesimo, ne laquale ne insegna amare tem-
peramente, etc. *In Venetia*, 1545, pet. in-8, v. ant., fil.

567. T. Petronii arb. satyricon. *Parisiis, Renouard*, 1697,
in-18, pap. vél., 2 tom. en 1 vol., v. f., dent., tr. dor.

568. Inventaire général de l'histoire des larrons, par F. D. C.
Rouen, 1656, in-8, 5 part. en 1 vol., bas. m.

569. Théorie du paradoxe (par Morellet). *Amsterd.*, 1775. =
Théorie du libelle (par Linguet). *Amsterd.*, 1775. = Réponse sérieuse à M. L*** (Linguet) (par Morellet). *Amsterd.*,
1775, in-12, v. m. — Moyen de parvenir en littérature,
par J. G. Dentu. *Paris*, 1811. = Analyse fidèle d'une diatribe de J. G. Dentu, par Malte-Brun. *Paris*, in-8, v. jasp.,
fil. — Itinéraire de Pantin au Mont Calvaire, ou lettres inédites de Chactas à Atala, par de Chateauterne. *Paris*, 1811,
in-8, d.-rel., dos de v.

§ II. POÉSIE.

1. POÉSIE ORIENTALE, GRECQUE ET LATINE.

570. The poems of Ferdosi translated from the Persian, by
Jos. Champton. *London*, 1788, in-4, cart., n. rog. (T. 1er.)

571. La colombe messagère, plus rapide que l'éclair, plus
prompte que la nue, par Michel Sabbach, trad. de l'arabe
en français par M. Silvestre de Sacy. *Paris, I. I.*, an XIV,
in-8, d.-rel.

572. Homeri et Homeridarum opera et reliquiæ, ex recen-

sione Fred. Aug. Wolfii. *Lipsiæ*, 1804, in-8, pap. vél., fig.,
5 tom. en 3 vol., v. f., dent., tr. dor.

572. Anacreontis carmina (græcè), accedunt selecta quædam
e lyricorum reliquis. *Argentorati*, 1786, in-32, pap. vél.,
v. f., dent., tr. dor.

572 *bis*. Anacreon, græcè, præfixo commentario et variant.
lection. *Parma, Bodoni*, 1791, in-32, mar. rou., dent., tr.
dor., doub. de tabis. *Simier*.

573. Odes d'Anacréon, trad. en vers sur le texte de Brunck
(en regard) par de Saint-Victor. *Paris, Nicolle*, 1808, in-8,
gr. pap. vél., fig. avant la lettre, cart. à la Bradel, pap.
moiré, dent., non rog.

  Tiré à **27** exemplaires, no 6.

574. Recueil de poésies d'Anacréon de Teos, texte grec et la
glose ramenée au dialecte commun, avec les trad. en vers
et en prose latine et en prose et en vers français, accompag.
de notes, par Hardouin. *Paris*, 1812, in-12, d.-rel., dos
de v.

+ 576. L'Argonautica di Apollonio Rodio (grec. ed ital.), tradotta, ed illustrata. *In Roma*, 1794, in-4, 2 vol., v. rac.,
dent. Las.

577. Thesaurus phrasium poeticarum, operâ M. Joan. Buch-
leri; adjecta est institutio poetica, ex Jac. Pontano. *Amst.*,
1627, pet. in-12, v. f., fil. — Clavis metrico-Virgiliana, a
metrical guide to the right intelligence of Virgil's versifica-
tion, by J. Carey. *London*, 1818, in-12, bas.

578. Poetæ latini minores ex edit. P. Burmanni. *Glasguæ*,
1752, pet. in-8, cart. à la Bradel.

+ 579. Poetæ latini minores, curavit Jo. Christ. Wernsdorf.
Altenburgi, 1780, in-8, 10 vol., v. rac., fil.

580. Carmina ethica, ex diversis auctoribus collegit A. A.
Renouard. *Parisiis*, 1795. = Joan. Audoeni epigrammata,
curante A. A. Renouard. *Parisiis*, 1794, in-18, pap. vél.,
v. f., dent., tr. dor.

581. T. Lucretii Cari de rerum natura libri VI. *Florentiæ*,
Giunta, 1512, in-12, mar. r., tr. dor.

581 *bis*. Lucrèce en vers français, par M. de Pongerville. *Paris*, 1828, gr. in-18, 2 vol., br.

582. Di Tito Lucrezio Caro della natura delle cose libri VI,
trad. da Aless. Marchetti. *Londra*, 1774, in-8, 2 vol., bas.
— Titus Lucretius, his six books, or Epicurean philosophy.

done into english verse with notes (by Creech). *London,*
1699, in-8, v. br.

583. Catullus, Tibullus, Propertius. *Venetiis, in Adib. Aldi,*
1502, pet. in-8, mar. bl., tr. dor.

584. Catulli, Tibulli, Propertii, opera. *Londini, Brindley,*
1749, 1 vol. — M. Ann. Lucani Pharsalia, *ibid.,* 1751,
2 vol. — P. Terentii comœdiæ sex. *Londini, Brindley,*
1744, 1 vol. Les 4 vol. in-18, v. éc., fil., tr. dor.

585. Plan de l'Énéide de Virgile, ou exposition raisonnée de
l'économie de ce poème, par Vicaire. *Paris,* 1787, in-12,
v. f. — Remarques sur Virgile et sur Homère (par l'abbé
Faydit). *Paris,* 1705, in-12, v. f.

586. P. Virgilii opera, Nic. Heinsius recensuit. *Amst., Elzev.,*
1677, pet. in-12, v. br.

587. Pub. Virgilii Mar. Bucolica, Georgica et Æneis. *Londini,*
Knapton, 1750, in-8, fig., 2 vol., mar. bl., dent., tr. dor.

588. P. Virgilius. *Parisiis, P. Didot.,* 1798, gr. in-fol., pap.
vél., fig., d.-rel., dos de mar. v., non rog. (N° 204.)

589. P. Virgilius. *Parisiis, P. Didot maj.,* an VI, 1 vol. —
Q. Horatius. *Ibid.,* an VIII, 1 vol. Les 2 vol. in-18, gr. pap.
vél., mar. rou., fil., tr. dor., doub. de moire bl., dent. *Bo-*
zerian jeune.

590. Pub. Virgilii opera; edid. Amar. *Parisiis, Lefevre,* 1821,
2 vol. — J. Phædri fabulæ veteres ex recens. Fred. H. Bothe,
edid. Amar. *Ibid.,* 1821, 1 vol. Les 3 vol. in-32, pap. vél.,
mar. r., fil., tr. dor.

591. Publ. Virgilius. *Londini, Gul. Pickering,* 1821, in-64,
pap. vél., mar. viol., fil., tr. dor. *Thouvenin.*

592. P. Virgilii opera cum integris emendationibus et commentariis varior.; variantes lect. addid. P. Burmannus et
P. Burmannus junior. *Amsteled.,* 1746, in-4, 4 vol., vél.

593. Les Géorgiques de Virgile, trad. en vers par Delille. *Paris,*
1785, in-12, bas. — L'Énéide, tr. par J. Delille. *Paris,*
Michaud, 1804, in-8, fig., 4 vol., v. rac., fil. — Les Bucoliques de Virgile, tr. en vers. *Paris, Michaud,* 1806, in-18,
v. g., fil.

594. Les Géorgiques de Virgile, tr. par Delille. *Paris, Bleuet,*
1785, in-4, pap. de Holl., fig. avant la lettre, br. en cart.

595. Les Bucoliques de Virgile, tr. en vers français par M. F.
Didot. *Paris, F. Didot,* 1806, in-8, v. rac., fil. — Églogues
de Virgile, tr. en vers français, avec le texte latin, par Tissot.
Paris, an VIII, in-8, d.-rel.

596. Les amours de Didon et sa mort, ou le 4ᵉ livre de l'É-
néide, tr. en vers par M. P. Didot l'aîné. *Paris, J. D.*, 1822,
in-8, d.-rel., dos de v. — Traduction du premier livre complet des odes d'Horace, suivie de quelques poésies diverses,
par M. P. Didot l'aîné. *Paris, P. Didot a.*, an v, in-8, pap.
vél., v. g., fil.

597. L'Énéide de Virgile, trad. en vers, avec le texte en reg.,
par C. L. Mollevaut. *Paris, Lelong*, 1822, in-18, 4 tom. en
2 vol., v. f., fil. *Simier*. — Bucoliques de Virgile, trad. en
vers, avec des remarques, par Tissot. *Paris*, 1822, in-18,
v. f. *Simier*. — Les noces de Thétis et de Pelée, poème de
Catulle, tr. en vers par Ginguené. *Paris*, 1812, in-18, v.
ant., fil.

598. Le Virgile travesty en vers burlesques de Scaron. *Paris*,
1675, pet. in-12, fig., 2 vol., v. br.

599. Dell' Eneide di Virgilio del commendator Annib. Caro.
In Padoa, per Donato Pasquardi, 1631, in-16, fig., mar.
rou., fil.

600. Quint. Horatii Fl. Opera. *Londini, Joan. Pine*, 1733,
in-8, fig., pap. de Holl., 2 vol., mar. r., fil., tr. dor. *(Pre-
meir tirage.)*

601. Q. Horatius Flaccus. *Parisiis, P. Didot*, 1799, gr. in-fol.,
pap. vél., d.-rel., dos de mar. r., non rogné.

✝ 602. Quint. Horatius. *Londini, Gul. Pickering*, 1820, in-64,
pap. vél., mar. viol., fil., tr. dor. *Thouvenin. [aj.]*

603. Q. Horatii poemata scholiis et comment. illustrata à Joan.
Bond. *Amstelod., Dan. Elzev.*, 1676, pet. in-12, v. br.

604. Q. Horatii Opera, illustravit Christ. Guil. Mitscherlich.
Lipsiæ, 1800, in-8, 2 vol., v. gr., fil.

✝ 605. Œuvres d'Horace, trad. par MM. Campenon et Després.
Paris, 1821, in-8, 2 vol., v. gr., dent.

606. Traduction des œuvres d'Horace en vers franç. *Paris*,
1752, pet. in-12, 5 vol., v. m.

607. Œuvres compl. d'Horace, trad. en vers par P. Daru.
Paris, 1819, in-18, 4 vol., v. rac., dent.

608. Traduction des odes d'Horace av. des observations, par
de Reganhac. *Paris*, 1781, in-12, 2 vol., v. éc., fil. — Traduction en vers des Odes d'Horace, par E. A. de Wailly. *Paris, Didot, A.* 1817, in-18, v. jasp., dent. — Les Odes d'Horace
en vers français, par J. L. T. de Visme. *Paris, Dentu*, 1826,
in-18, br.

609. Traduction en vers des Odes d'Horace, av. le texte des

somm. et des notes, par E. A. de Wailly. *Paris, Didot A.*
1817, in-18, pap. vél., 2 vol., cart. à la Brad.

610. Lettres d'Horace; in-4, mar. rou., fil. tr. dor.
> Manuscrit de la main de Louis Joseph de Bourbon, prince de Condé.

611. P. Ovidii Opera Petrus Burmannus recensuit. *Amstelod.,*
Westen., 1714, pet. in-12, 5 vol., v. br.

612. Pub. Ovidii Opera omnia, cum notis varior., curâ et
studio P. Burmanni. *Amstelod.*, 1727, in-4, 4 vol., vél.

613. de Desaintange: Les Métamorphoses d'Ovide, trad. en
vers. *Paris, Michaud*, 1808, 4 vol. — L'art d'aimer. *Ibid.*,
1807, 1 vol — Le remède d'amour. *Ibid.*, 1811, 1 vol.—
Les fastes. *Paris, Dufour*, 1809, 1 vol., les 7 vol. in-12, v. f.,
dent. *Simier fils.*

614. Phædri Fabulæ et Publii Syri sententiæ. *Parisiis, ex*
typ. Reg., 1729, in-64, mar. rou., fil., tr. dor.

615. Phædri Fabularum Æsopiarum lib. V, cum comment.,
edente Joan. Gottl. Sam. Schwabe; accedunt Romuli Fabularum Æspiar. lib. IV. *Brunsvigæ*, 1806, in-8, 2 vol., v. f.,
dent. *Ledoux.*

216. Fl. Aviani et Phædri Fabulæ, ex recens. Henr. Cannegie-
ter et Pet. Burmanni. *Misenæ*, 1790, pet. in-12, v. rou., fil.
— Traduction et Examen critique des Fables de Phèdre com-
parées avec celles de La Fontaine, par M. Beuzelin. *Paris,*
1826, in-8. br.

617. M. Ann. Lucani Pharsalia, cum commentario P. Burmanni. *Leidæ*, 1740, in-4, cart., n. rog.

618. C. Val. Flacci Argonauticon libri VIII, cum notis
varior., curante P. Burmanno. *Leidæ*, 1724, in-4, v. gr.

619. D. J. Juvenalis et Auli Persii Satyræ, cum comment. varior., accurante Corn. Schrevelio. *Lugd.-Batav.*, 1671 in-8,
v. br.

620. D. J. Juvenalis Satyræ, cum comment. Nic. Lud. Achaintre. *Parisiis, Firm. Didot*, 1810, 2 vol. — Auli Persii Satyræ
cum notis, edente Nic. Lud. Achaintre. *Ibid.*, 1812, 1 vol.,
les 3 vol. in-8, v. f., fil.

621. Satyres de Juvénal. trad. par Dusaulx, av. des notes par
Achaintre. *Paris, Dalibon*, 1821, in-8, 2 vol., v. rou., fers
à fr., dos à nerfs. *Thouvenin.*

622. Les mêmes. *Paris, Dalibon*, 1826, in-8, gr. pap. vél.,
2 vol., d.-rel., dos de mar. r., n. rog.

623. M. Val. Martialis Epigrammata, cum paraphrasi et notis

varior. selectiss.; adus. Delphini, interpretatus est Vincentius Collesso. *Amst.*, 1701, in-8, fig., vél.

624. Cent Fables choisies des anciens auteurs, mises en vers latins par Gab. Faerne, et trad. par Perrault (texte en reg.) *Londres*, 1743, in-4, fig., v. rac.

625. Opus poeticum de admirabili fallacia et astutia vulpeculæ Reinikes, lib. IV, auct. Hartm. Schoppero. *Francof. ad Manum*, 1567, pet. in-8, fig. en bois, vél.

+ 626. Strozii poetæ pater et filius. *Parisiis*, 1530, in-8, v. br. — Pierii Valeriani Amorum libri V. *Venetiis*, 1549. = Ejusd. Hexametri, Odæ et Epigrammata. *Venetiis*, 1550, pet. in-8, vél. *Sch.*

+ 627. Pancharis Jo. Bonefonii. *Lutetiæ*, 1587. = Imitations du latin de J. Bonnefons, avec autres gayetez amoureuses de l'invention de l'autheur (par Gilles Durant). *Paris*, 1587, pet. in-12, v. gr. — Baisers et élégies de Jean Second, trad. en vers avec le texte latin en regard; par P. F. Tissot. *Paris*, 1806, in-12, v. rac. fil. *Sch.*

628. F. J. Desbillons Fabulæ Æsopiæ. *Parisiis, Barbou*, 1769, in-12, v. gr., fil. — J. Grasseri Poemata; access. de antiquitatibus nemausensibus dissertatio, G. Weirach quædam de suo add. *Coloniæ Munatianæ*, 1615, pet. in-8, d.-rel. — Etudes de poésie latine appliquées à Racine, (par M. Quéquet), *Paris, I. R.* 1823, gr. in-8, d.-rel., d. de v.

629. Histoire maccaronique de Merlin Coccaie, prototype de Rabelais. *Paris*, 1606, pet. in-12, 2 vol., v. m.

630. Fables diverses par Lamothe, Aubert, Florian, etc., trad. du français en vers latins, av. des notes par Grandsire. *Paris*, 1850, in-12, br.

2. POESIE FRANÇAISE.

1. Poètes jusqu'à Malherbe.

631. Les poètes français, depuis le XII° siècle jusqu'à Malherbe, avec une notice historiq. et littér. sur chaque poète. *Paris, Crapelet*, 1824, in-8, 6 vol., v. f., dent. *Bibolet.*

632. Extraits de quelques poésies des XII, XIII et XIV° siècles (recueillis par Sinner). *Lausanne*, 1759, in-8, d.-rel.

633. Fabliaux et contes des poètes françois des XII, XIII, XIV et XV° siècles. *Paris*, 1756, pet. in-12, 5 vol., v. m.

634. Le temple d'Apollon, ou Recueil des plus excellens vers

de ce temps. *Rouen*, 1611, pet. in-12, v. ant., dent., fers
à fr. *Bibolet*.

655. Recueil des plus belles pièces des poètes françois, depuis
Villon jusqu'à Benserade. *Paris*, 1752, pet. in-12, 6 vol., v. f.

656. Le Roman du Renart, publ. par Méon. *Paris, Treuttel
et W.*, 1826, in-8, fig., 4 vol., br.

657. Le Roman de la Rose, par Guil. de Lorris et J. Meun dit
Clopinel, avec des notes et un Glossaire. *Amst.*, 1735,
in-12, 5 vol. — Supplément au Glossaire du Roman de la
Rose. *Dijon*, 1737, 1 vol. Les 4 vol., v. m.

658. Le Roman de la Rose, par Guill. de Lorris et Jehan de
Meung, éd. revué par M. Méon. *Paris, Didot a.*, 1814,
in-8, pap. vél., fig., 4 vol., mar. r., dent., fers à fr., tr. dor.

659. Mémoires historiques sur Raoul de Coucy. On y a joint
le recueil de ses chansons en vieux langage, avec la traduction de l'ancienne musique. *Paris, Pierres*, 1781, pet. in-8,
fig., 2 vol., mar. rou., fil., tr. dor.

640. Poésies de Clotilde de Surville, publ. par Ch. Vander-
bourg. *Paris*, an xi, in-8, v. rac., fil.

641. Œuvres de Clém. Marot. *La Haye*, 1751, pet. in-12,
6 vol., v. f.

642. Œuvres compl. de Cl. Marot. *Paris, Rapilly*, 1824, in-8,
3 vol., v. f., ant., fil.

643. Les épistres héroïdes pour servir d'exemple aux chres-
tiens, revues par Fr. Habert de Berry. *Paris*, 1560, in-18,
mar. rou., fil., tr. dor.

644. Nouvelles œuvres de J. Édouard du Monin, poète philos. *Paris*, 1582, pet. in-12, v. f., rel. fraiche.

645. Œuvres en rimes de J. Ant. de Baïf. *Paris*, 1575.
== Trois centuries de sonnets, par Fr. Perrin. *Paris*, 1588.
in-8, v. br.

646. Les œuvres de Philippe des Portes. *Anvers*, 1596, in-16,
v. gr., fil.

647. Satyres et autres œuvres de Régnier, accompagnées de
remarq. historiq. *Londres, J. Tonson*, 1725, gr. in-4, v.
m. fil., encadr.

648. Les œuvres de Fr. de Malherbe, avec les observations de
Ménage et les remarques de Chevreau sur les poésies. *Paris*,
1723, in-12, 5 vol., v. gr., fil.

649 Poésies de Malherbe; lettres du même. *Paris, Blaise*,
1822, in-8, gr. pap. vél., 2 vol., d.-rel, dos de mar. viol.,
non rog. *Thouvenin*.

ıı. Poëtes depuis Malherbe.

650. Le trésor du Parnasse ou le plus joli des recueils (par Couret de Villeneuve). *Londres*, 1762, pet. in-12, 6 vol., v. m. —Esprit de l'Almanach des Muses, depuis sa création jusqu'à ce jour. *Paris*, in-18, 2 vol., d.-rel.

651. Élite de poésies fugitives (par Luneau de Boisjermain). *Londres*, 1769, pet. in-12, 5 vol., v. m. — Poésies anciennes et modernes. *Paris*, 1781, in-18, 2 vol., v. éc.

652. Poésies philosoph. et descriptives des auteurs qui se sont distingués dans le 18ᵉ siècle. *Paris, Caillau*, 1792, in-18, 3 tom. en 1 vol., bas rac. — Nouveau choix de pièces de poésie. *Paris*, 1715, pet. in-8, 2 vol., v. br.

653. Les chevilles de maître Adam, menuisier de Nevers. *Paris*, 1644, in-4, v. br. — Le vilbrequin du même. *Paris*, 1663, pet. in-12, vél.

654. OEuvres de La Fontaine. *Anvers*, 1726, in-4, 3 vol., rac. (édition encadrée.)

655. OEuvres de La Fontaine, édition revue et accomp. de notes, par M. Walckenaer. *Paris, Lefèvre*, 1827, in-8, gr. pap. vél., 6 vol., br. (Manque le 5ᵉ).

656. OEuvres de La Fontaine, précédées d'une notice par M. Walckenaer, et de l'éloge de La Fontaine, par Champfort. *Paris, Peytieux*, 1825, in-8, fig., 7 vol., br.

657. OEuvres complètes de La Fontaine. *Paris, Nepveu*, 1820, in-18, pap. vél., fig. av. la lettre, 16 vol., mar. rou., fil., fers à fr., tr. dor.—Histoire de la vie et des ouvrages de La Fontaine, par M. Walckenaer. *Paris, Nepveu*, 1821, in-18, gr. pap. vél., 2 vol., m. rel. *Simier*.

658. OEuvres compl. de La Fontaine. *Paris, Lefèvre*, 1818, in-8, pap. vél., fig., 6 vol., v. bl., dent., tr. dor. *Ledoux*.

659. OEuvres diverses de La Fontaine. *Paris*, 1744, pet. in-12, 4 vol., mar. rou., fil., tr. dor.

660. Nouvelles œuvres diverses de J. La Fontaine et poésies de F. de Maucroix, accompag. de notes, par M. Walckenaer. *Paris, Nepveu*, 1820, in-8, pap. vél., mar. bl., fers à fr., tr. dor. *Simier fils*.

661. Recueil de poésies chrétiennes et diverses, par La Fontaine. *Paris*, 1679, in-12, 5 vol., v. br. — Les œuvres posthumes de La Fontaine. *Paris*, 1696, in-12, v. f., fil. *Simier*.

662. Recueil de poésies chrétiennes et diverses, par La Fontaine. *Paris*, 1682, in-12, 5 vol., v. m., fil., tr. dor. — OEuvres diverses de La Fontaine. *Paris*, 1729, in-8, 5 vol., v. br., tr. dor.

663. OEuvres de Boileau Despréaux, avec des éclaircissemens historiques et les figures de Bern. Picart. *La Haye*, 1722, in-8, 4 vol., v. br. (Fatigué.)

664. Poésies de Boileau Despréaux. *Paris, Didot a.*, 1781, in-18, 2 tom. en 1 vol., mar. rou., fil., tr. dor.

665. OEuvres poétiques de Boileau Despréaux, avec des notes de P. D. Ecouchard Lebrun. *Paris*, 1808, in-8, v. gr., fil. — OEuvres complètes de Gilbert. *Paris*, 1788, in-8, v. rac., fil.

666. OEuvres compl. de Boileau Despréaux, avec des variantes et des notes (par M. Daunou). *Paris, stér. d'Herhan*, 1809, in-12, 5 vol., v. f., fil. — OEuvres choisies de J.-B. Rousseau. *Paris, stéréot.*, an XIII, in-18, pap. vél., v. gr., dent., tr. dor.

667. OEuvres de Boileau Despréaux, avec un nouv. commentaire, par M. Amar. *Paris, Lefèvre*, 1821, in-8, gr. pap. vél., fig. av. la lettre, 4 vol., mar. bl,. dent. à comp., tr. dor. (Avec un portr. de Boileau gravé par Savart.) *Purgold et Hering.*

668. OEuvres de Boileau Despréaux, avec un comment. par M. de Saint-Surin. *Paris, Blaise*, 1821, in-8, pap.. vél., fig., 4 vol., mar. viol., dent. à comp., tr. dor. (Avec un portr. de Boileau, gravé par Savart). *Purgold et Hering.*

669. OEuvres de J. B. Rousseau. *Paris, Lefèvre*, 1820, in-8, 5 vol., v. f., dent., fers à fr., tr. dor.

670. OEuvres diverses de Vergier. *Amst.*, 1731, in-12, 2 vol., v. gr. — Contes, nouvelles et poésies diverses de Vergier. *Paris, Constelier*, 1727, pet. in-8, 2 tom. en 1 vol., v. br.

671. OEuvres diverses de Grécourt. *Luxembourg*, 1761, pet. in-12, 4 vol., v. m., fil. — OEuvres badines de Robbé de Beauveset. *Londres*, 1801, in-18, 2 tom. en 1 vol., bas. m.

672. OEuvres choisies de Gresset. *Paris, Didot jeune*, an II, in-18, pap. vél., fig. avant et avec la lettre, mar. rou., dent., tr. dor. doublé de moire bl., dent. *Bozerian jeune.*

673. OEuvres choisies de Gresset, précédées d'un essai sur sa vie et ses écrits par Campenon. *Paris, Janet et Cotelle*, 1823, in-8, v. ant., dent., dos à nerfs. *Purgold et Hering.*

674. Œuvres complètes de Gilbert. *Paris , Dalibon , 1823*, in-8, fig., br.

675. Œuvres compl. du C. de B*** (cardinal de Bernis). *Londres , 1776*, in-8, 2 vol., v. f. — Œuvres de mad. du Boccage. *Lyon , 1770*, pet. in-8, 3 vol., bas. m.

676. Œuvres de Bertin. *Paris , 1823*, in-32, 2 tom. en 1 vol., v. f., fil. — Œuvres de Léonard. *Paris , 1787*, in-18, 2 vol., bas. gr., fil.

677. Œuvres de Saint-Lambert. *Paris, Didot a., 1795*, in-18, pap. vél., 2 vol., mar. bl., dent., tr. dor., doub. de moire rose, dent. *Bozerian jeune.*

678. Œuvres de Ponce Denis (Écouchard) Lebrun. *Paris , 1811*, in-8, 4 vol., v. éc., fil.

679. De J. Delille : Poésies diverses. *Paris , an IX*, 1 vol. — Paradis perdu. *Paris , 1805*, 3 vol. — L'imagination. *Paris , 1806*, 2 vol.—L'homme des champs. *Paris , 1807*, 1 vol. — Les trois règnes de la nature. *Paris , 1808*, 2 vol. — Les jardins. *Paris , 1807*, 1 vol. — Le départ d'Eden. *Paris , 1817*, 1 vol. Les 11 vol. in-18, fig., v. fil. et d.-rel. — La conversation. *Paris , Michaud , 1811*, in-8, fig., v. gr., fil.

680. De Parny : Œuvres compl. *Paris , 1788*, in-18, 2 vol., v. éc., fil., tr. dor. — Les Rosecroix, poème. *Paris, 1807*, in-18, d.-rel., dos de v. — Portefeuille volé. *Paris, 1805*, in-18 , d.-rel.

681. Œuvres de Millevoye. *Paris , Ladvocat , 1822*, in-8, 4 vol., v. f., fers à fr., dos à nerfs. *Thouvenin.*

682. Œuvres de J. F. Ducis. *Paris , Nepveu , 1819*, in-8, pap. vél., fig. avant la lettre , 5 vol., v. f., dent., tr. dor. *Doll.* — Œuvres posthumes de Ducis, publ. par M. Campenon. *Paris, Nepveu, 1826*, in-8, br.

683. Poésies (par M. de Frénilly). *Paris , Nicolle , 1807*, in-8, d.-rel., dos de v. — Recueil tiré du portefeuille d'un rentier, par le C. P. S. S. (Poan Saint-Simon). *Paris, Didot jeune, 1797.* ═ Poésies diverses, par Hoffmann. in-18, pap. vél., v. rac. (Sans titre.)

684. Poésies de F. M. Guil. Duault. *Paris , 1803*, in-18, d.-rel. — Essais de poésie, par M. B*** (Boscheron). *Paris, F. Didot, 1824*, in-8, pap. vél., br. — Poésies de S. Edm. Géraud, suivies de six romances, par M. Lorrando. *Paris , 1818*, in-18, fig., d.-rel., dos de v.

685. Poèmes et chants élégiaques, par Alex. Guiraud. *Paris ,*

1824, in-18, fig., br. — Poésies de F. M. Guil. Duault. *Paris*, *F. Didot*, 1825, in-18, br. — Poèmes, odes, épîtres, poésies diverses, par X. B. Saintine. *Paris*, *Ladvocat*, 1825, in-18, v. f., fil.

686. De M. Alp. de Lamartine : Méditations poétiques. *Paris*, *Gosselin*, 1825, in-8, fig., br. — Nouvelles méditations poétiques. *Paris*, *U. Canel*, 1823, in-8, d.-rel., dos de v. — Chant du sacre. *Paris*, 1825, in-8, d.-rel., dos de v. — Le dernier chant du pélerinage de Child Harold, 2e éd. *Paris*, *Dondey-Dupré*, 1825, in-8, br.

687. Messéniennes et poésies diverses, par M. C. Delavigne. *Paris*, *Ladvocat*, 1823, in-18, pap. vél., fig. sur pap. de Chine, v. ant., fers à fr., tr. dor. *Bibolet*.

688. Élégies et poésies diverses de mad. Victoire Babois. *Paris*, *Nepveu*, 1828, in-18, pap. vél., fig., 2 vol., br. — Poésies de la princesse de Salm. *Paris*, *F. Didot*, 1817, in-8, pap. vél., v. r., fil.

689. Épîtres, élégies, héroïdes et autres poésies de divers auteurs, réunies en 2 vol. in-8 et 1 vol. in-4, v.

2. POÈMES.

690. Moyse sauvé, idylle héroïque du sieur de Saint-Amant. *Leide*, *Jean Sambix (Elzev.)*, 1654, pet. in-12, v., fers à fr., tr. dor. *Thouvenin.*

691. La Pucelle ou la France délivrée, poème héroïque, par Chapelain. *Paris*, 1656, in-fol., gr. pap., fig., mar. rou., fil., tr. dor.

692. Les Sarrasins chassez de France, poème héroïque, par de Sainte-Garde. *Paris*, 1667, pet. in-12, v. gr., fil.

693. Poème du Quinquina et autres ouvrages en vers, par La Fontaine. *Paris*, 1682, in-12, v. br. (*Édition originale.*)

694. Le faut-mourir et les Excuses inutiles qu'on apporte à cette nécessité, revu et augm. des excuses d'un partisan et d'un savetier à la mort. Le tout en vers burlesques par Jacques Jacques. *Lyon*, 1669, in-12, d.-rel., dos de v.

695. La religion, poème, par Racine. *Paris*, 1754, pet. in-12, v. f., fil., tr. dor. — L'Espérance, par G. B. de Saint-Victor. *Paris*, an XI, in-12, pap. vél., v. éc., fil. — Les tombeaux de Saint-Denis et l'héroïsme de la piété fraternelle, élégies, par Treneuil. *Paris*, *Dentu*, 1808, in-8, d.-rel., dos de v.

696. La Henriade, ornée de dessins lithographiques de M. Horace Vernet, avec les portraits de M. Mauzaise. *Paris*, *Dubois*, 1823, in-fol., pap. vél., en livr.

697. La Pucelle d'Orléans, avec des notes de l'auteur ; in-24, fig., mar. r., fil., tr. dor.

698. Narcisse dans l'isle de Vénus, poème en IV chants (par Malfilâtre). *Paris*, 1769, in-8, fig., d.-rel. — Le mausolée d'Agnès Sorel, poème par M. de Sales. *Paris*, 1823, in-8, d.-rel., dos de v. — L'art historique, poème. *Paris*, 1822, in-8, d.-rel.

699. Les jeux de mains, poème, par Rulhière. *Paris*, 1808, in-8, d.-rel., dos de v. — Rousseau ou l'Enfance, poème, suivi des Transtévérins ou les Sans-Culottes du Tibre et de poésies lyriques, par Th. Desorgues. *Paris*, *Jansen*, in-8, d.-rel.

700. La sphère, poème en VIII chants, par Dom. Ricard. *Paris*, 1796, in-8, v. rac., fil. — La navigation, poème par J. Esménard. *Paris*, 1805, in-8, fig., 2 vol., v. rac., fil.

701. Achille à Scyros, poème en VI chants, par Luce de Lancival. *Paris*, an XIII, in-8, d.-rel. — Homère, Alexandre, poèmes, par L. Lemercier. *Paris*, an IX, in-8, d.-rel.

702. Le mérite des femmes et autres poésies, par Gab. Legouvé. *Paris*, *A. A. Renouard*, 1813, in-18, pap. vél., fig., mar. rou., tr. dor. *Simier*.

703. Le mérite des femmes, poème, par G. Legouvé. *Paris*, an IX, in-18, pap. vél., v. gr., fil. — Poèmes de Legouvé et de Vigée. *Paris*, an VII, in-18, d.-rel. — Mes conventions, épître suivie de vers et de prose, par Vigée. *Paris*, an IX, in-18, v. rac., fil.

704. La Pitié, poème, par J. Delille. *Paris*, *Michaud*, an XI, in-18, pap. vél., fig. av. la lettre, mar. rou., fil., fers à fr., tr. dor. *Simier*.

705. Charlemagne, poème, par Millevoye. *Paris*, *F. Didot*, in-18, d.-rel. — Marie de Brabant, poème, par Ancelot. *Paris*, *Urb. Canel*, 1825, in-8, d.-rel., dos de v.

706. La maison des champs, poème, par Campenon. *Paris*, 1847, in-18, v. j., dent. — L'enfant prodigue, poème en IV chants, par M. Campenon. *Paris*, 1811, in-8, d.-rel., dos de v.

707. La gastronomie ou l'Homme des champs à table (par Berchoux). *Paris*, 1805, in-18, d.-rel. — L'art politique, poème en quatre chants, suivi de poésies diverses, par Ber-

choux. *Paris*, 1819, in-18, d.-rel., dos de v. — Le printemps d'un Proscrit, poème en III chants, suivi de plusieurs
lettres à Delille sur la Pitié, par Michaud. *Paris*, 1803,
in-18, d.-rel.

708. L'hymen ou le choix d'une épouse, poème en six chants,
suivi du Bois de Thamyris, par L. Lacroix-Niré. *Paris*,
1810, in-18, pap. vél., v. f., dent., tr. dor. — La mort
de Loizerolles ou le Triomphe de l'amour paternel, poème
en trois chants, accomp. de notes par de Loizerolles fils.
Paris, 1813, in-18, d.-rel.

709. Les amours épiques, poème héroïque en six chants, par
Parceval de Grandmaison. *Paris*, an XII, in-18, v. rac., fil.
— Philippe-Auguste, poème par le même. *Paris*, 1826,
in-8, br.

710. Les chevaliers de la Table Ronde, poème, par Creusé de
Lesser. *Paris*, 1812, in-18, d.-rel. — L'Atlandide ou le
Géant de la montagne Bleue, poème en quatre chants, publ.
par Baour Lormian. *Paris*, in-18, fig., v. f., fil.

711. Le génie de l'homme, poème, par Ch. Chenedollé. *Paris*, 1812, in-18, v. éc., fil. — Études poétiques, par le
même. *Paris*, 1820, in-8, d.-rel., dos de v.

712. L'influence du sol natal, poème, par Abel Gaudefroy.
Paris, 1817, in-18, pap. vél., d.-rel. — La Belle au bois
dormant, poème suivi d'élégies, par P. Fé de Barqueville.
Paris, 1825, in-18, v. br., dent., fers à fr.

713. L'Orléanide, poème, par Lebrun de Charmettes. *Paris*,
1819, in-8, 2 vol., v. br., fil. — La Byzanciade, poème (par
Roux). *Paris*, F. Didot, 1822, in-8, v. f., dent.

714. Le siége de Damas, poème, par Viennet. *Paris*, 1825,
in-8, d.-rel., dos de v. — Épître à l'abbé de La Mennais,
par Viennet. *Paris*, Ladvocat, 1825, in-8, d.-rel., dos de
v. — Les Benjamites rétablis en Israël, poème traduit de
l'hébreu, par M. de Maleville. *Paris*, 1816, in-8, d.-rel.,
dos de v.

IV. Fables, Contes et Poésies légères.

715. Fables héroïques, comprenant les véritables maximes
de la politique chrétienne et de la morale, par Audin. *Paris*,
1648, in-8, fig., v. br.

716. Fables choisies mises en vers par de La Fontaine, et par

luy revues, corrigées et augm. *Paris, Cl. Barbin*, 1678, in-12, fig., 5 vol., mar. vert, fil, tr. dor.

717. Fables choisies, mises en vers par La Fontaine. *Suiv. la copie imprim. à Paris. Anvers*, 1688, pet. in-8, fig., 5 vol. v. br.

718. Fables choisies mises en vers par La Fontaine. *Paris,* 1709, pet. in-8, fig., 5 vol., d.-rel.

719. Fables de La Fontaine av. les figures d'Oudry. *Paris,* 1755, in-fol., fig., gr. pap , 4 vol., mar. bl., fil., tr. dor.

720. Fables de La Fontaine avec le comment. de Coste. *Paris,* 1759, pet. in-8, fig., 2 vol., v. m. — Etudes sur La Fontaine, ou notes et excursions littéraires sur ses fables (par M. Solvet). *Paris*, 1842, in-8, d.-rel., d. de v.

721. Fables choisies de La Fontaine, édition gravée en taille douce, les figures par Fessard, le texte par Montulay. *Paris,* 1775, in-8, 6 vol., v. v. fil., tr. dor.
   ✗ Exemplaire imprimé sur peau de vélin.

722. Fables de La Fontaine av. figures gravées par Simon et Coiny. *Paris, Didot A.,* 1787, in-18, pap. vel. 6 vol., mar. bl., fil., tr. dor., doublés de moire. (Epreuves de graveurs.)

723. Fables de La Fontaine, impr. pour l'éducat. du dauphin. *Paris, Didot A.,* 1788, in-4, pap, vél., v. porph., fil., tr. dor.

—724. Fables de La Fontaine, impr. pour l'éducation du dauphin. *Paris, Didot A.,* 1789, in-8, 2 vol., mar. bl., dent., fers à fr., à comp., n. rog. ✗

725. Fables de La Fontaine. *Parme, Ve Bodoni,* 1814, in-fol., gr. pap. vél., 2 vol., cart., n. rog.

726. Fables de La Fontaine, av. un nouv. commentaire par M. Nodier. *Paris, Eymery.* 1818, in-8, 2 vol., fig., d.-rel., dos de v.

727. Fables choisies de La Fontaine, ornées de figures lithographiques, par Carle et Horace Vernet et Hip. Lecomte. *Paris,* 1818, in-fol. obl., pap. vél., 2 vol., d.-rel., pap. mar.

728. Fables nouvelles, par Delamotte. *Paris,* 1749, in-4, fig., v. br.

729. Fables et Contes (par Boullenger de Rivery). *Paris,* 1754, in-12, bas. rac. — Fables et Œuvres diverses de l'abbé Aubert. *Paris,* 1774, in-8, 2 vol., v. rac., fil.

730. Fables, contes et autres poésies, par J. F. Guichard. *Paris,*
an x, in-12, pap. vél., 2 vol., d.-rel. — Fables d'Ant. Vita-
lis. *Paris,* an iii, in-12, pap. vél., d.-rel.

731. Fables nouvelles de Le Bailly. *Paris,* 1844, in-12,
d.-rel. — Fables inédites et poésies diverses, de M. Ginguené. *Paris,* 1814, in-18, v. br., fil. — Fables par A. V.
Arnault. *Paris,* 1812, in-12, d.-rel., d. de v.

732. Fables et contes en vers par François de Neufchâteau.
Paris, 1815, in-12, 2 tom. en 1 vol., d.-rel., d. de v. —
Fables par le baron de Stassart. *Paris,* 1821, in-18, d.-rel.,
d. de v. — Fables originales ou imitées de plusieurs auteurs
(par le comte de Sobirats). *Paris, Dufart,* 1831, in-8,
d.-rel.

733. Contes et nouvelles en vers par La Fontaine et autres.
Londres, 1778, in-18, fig., 4 vol., mar. rou., dent., tr. dor.

734. Recueil des contes du Sr de La Fontaine, les satyres de
Boileau et autres. *Amsterd., J. Verhoeven,* 1668, pet. in-12,
mar. rou., tr. dor.

Édition que l'on peut joindre à la collection des Elzévirs.

735. Contes et nouvelles en vers, par La Fontaine. *Amsterd.,*
1685, pet- in-8, fig. de Romain de Hooghe, 2 vol., v. br.

736. Contes et nouvelles en vers par La Fontaine. *Amsterd.,*
1696, pet. in-8, fig. de R. de Hooghe, 2 vol., v. f.

737. Contes et nouvelles en vers de La Fontaine. *Amsterd.,*
1704, in-12, 2 vol., v. rou., dent., à comp., tr. dor.

738. Contes et nouvelles en vers, par La Fontaine. *Londres,*
1745, pet. in-12, 2 vol., mar. rou., fil., tr. dor.

739. Contes et nouvelles en vers, par La Fontaine. *Amsterd.,*
1766, in-8, fig., 3 vol., v. f., fil.

740. Contes et nouvelles en vers par J. de La Fontaine. *Paris.,*
Didot A., 1795, in-18, pap. vél., fig., av. la lettre et eaux
fortes, 4 vol., mar. rou., dent., tr. dor. *Lefebvre.* —Adonis,
poème par La Fontaine. *Paris, Didot A.,* an ii, in-18, pap.
vél., mar. bl., dent. tr. dor., doublé de moire rose, dent.
Bozérian jeune.

741. Contes de La Fontaine. *Paris, Lefèvre,* 1818, in-8,
fig., br. — Nouvelles OEuvres diverses de La Fontaine, etc.,
pub. par M. W. *Paris, Nepveu,* 1820, in-8, br.

742. Contes de La Fontaine, éd. rev. et accompag. de notes
par M. Walckenaer. *Paris, Lefèvre,* 1822, in-8, fig., v.
viol., fil.

743. Contes de La Fontaine. *Paris, Debure*, 1825, in-32, pap.
vél., 2 vol., br.

744. Contes et Fables de Lenoble. *Amst.*, 1700, pet. in-8,
fig., 2 vol., v. m.

745. Nouveaux Contes en vers, et Epigrammes, par M*** (Ga-
neau.) *Genève*, 1765, pet. in-8, d.-rel., d. de v. — Mes
trente-six Contes, et les trente-six Contes, en vers, par
M. D*** (Ducoudray). *Paris*, 1772, pet. in-8, 2 tom. en
1 vol., d.-rel., d. de v.

746. Le Singe de La Fontaine, ou contes et nouvelles en vers,
suivies de quelques poésies (par M. de Théis). *Florence*,
1775, in-12, 2 tom. en 1 vol., v. m. — Contes de Phil.
Gudin, précéd. de recherches sur l'origine des contes.
Paris, 1806, in-8, 2 tom. en 1 vol., v. f., ant. *Simier*.

747. Contes en vers par un petit-cousin de Rabelais. *Paris*,
1775, in.8, cart. à la Brad. — Contes en vers par D***
(Daillant de la Touche). *Amst.*, 1783, pet. in-8, v. fil.

748. Contes et fabliaux par Aug. Rigaud. *Paris, Peytieux*, 1825,
in-32, pap. vél., br. — Contes en vers et poésies diverses,
par M. mnechet. *Paris, Ladvocat*, 1827, in-8, br.

749. Anthologie française, ou chansons choisies, depuis le
13e siècle jusqu'à présent (publ. par Monet). 1765, in-8,
fig., 3 vol., v. m. — Chansons joyeuses mises au jour,
par un Ane-Onyme onissime. *Paris*, 1745, in-8, d.-rel.

750. Choix de chansons mises en musique, par M. Delaborde, av. les fig. de Moreau. *Paris*, 1773, in-4, 4 vol.,
v. gr. fil., tr. dor.

751. Chansons critiques et historiques; in-fol., 8 vol., v. br.
Manuscrit.

752. Romances et Poésies érotiques, par Eusèbe Salverte. *Paris*, an vi, in-8, d.-rel. — Madrigaux de M. de la Sablière.
Paris, 1758, in-16 encad., bas. m.

753. Madrigaux de M. de la Sablière (de la collection des
petits classiques français, publ. par M. Nodier). *Paris, Delangle*, 1825, in-18, br. — Epigrammes et autres pièces de
M. de Sencé. *Paris*, 1717, in-12, v. br.

754. Epigrammes, madrigaux et chansons, par Lebrun.
Paris, 1715, in-8, v. br. — Les flèches d'Apollon, ou nouv.
recueil d'Epigrammes anciennes et modernes (par Chaudon). *Londres, Cazin*, 1787, in-18, 2 vol., v. éc., fil.,
tr. dor.

5. POÉSIE ITALIENNE, ESPAGNOLE, PORTUGAISE.

755. Dante. I *cinque*, *Aldo*, 1515, pet. in-8, d.-rel.

756. Choix des poésies de Pétrarque, trad. de l'ital. par Levesque. *Paris*, 1787, in-18, 2 vol., v. gr.

757. Orlando furioso di Lodov. Ariosto. *In Venetia*, 1556, in-8, fig., v. br.

758. L'Orlando furioso di Ludov. Ariosto, con annotazioni. *Firenze*, 1821, in-8, 4 vol., v. br., fil., dos à nerfs., tr. dor. *Simier fils*.

759. Opere varie di Lodov. Ariosto. *Parigi*, 1784, pet. in-12, 5 vol., v. f. — Rime e satire di Lod. Ariosto, con annotazioni. *Firenze*, *Molini*, 1822, gr. in-8, pap. vél., br.

760. La Jérusalem délivrée, trad. en vers français par Baour-Lormian. *Paris*, 1819, in-8, fig., 5 vol., d.-rel., dos de v.

761. Orlandino di Limerno Pitocco. *Parigi*, *Molini*, 1773, pet. in-12, v. éc., fil.

762. Le 21 janvier 1795, poème trad. de l'ital. de Monti par Jos. Martin, avec le texte en regard. *Paris*, 1817, in-8, d.-rel., dos de v. — Amori, poesie anacréontiche del conte Lod. Savioli. *Parigi*, *Molini*, 1795, in-18, pap. vél., d.-rel., dos de v.

763. Cento Favole bellissime dei piu illustri antichi et moderni autori greci, et latini scielte et trattate in varie maniere di versi volgari da G. M. Verdizotti. *In Venetia*, 1613, pet. in-4, fig. en bois, v. f., fil.

764. Fables de Lorenzo Pignotti, trad. de l'ital. par Lepan. *Paris*, 1816, in-12, d.-rel., dos de v. — La felicita dell' Austria e della Toscana, poemetto del Dot. Lor. Pignotti. *Firenze*, 1791, in-4, br.

765. Tesoro del Parnaso espanol o poesias selectas desde el tiempo de Juan de Mena haste el fin del siglo xviii, recogidas y ordenadas por D. Man. Josef Quintana. *Perpinan*, 1817, in-18, 4 voi., v. ant., dent., fers à froid.

766. Obras de Garcilaso de la Vega, ilustradas con notas. *Madrid*, 1788, in-16, bas. rac. — Poesias de el dr D. Juan Melendez Valdez. *Valladolid*, 1797, in-18, 2 vol., bas. rac.

767. La musica, poema, par D. Tomas de Yriarte. *Madrid*, 1784, gr. in-8, fig., mar. r., fil., tr. dor. *Derome jeune*.

768. Obras de Luis de Camoens. *Lisboa*, 1782, pet. in-8.

5 vol., mar. r., dent., tr. dor., doub. de tabis. *Bozerian jeune.*

769. La Lusiade du Camoens, poème historique, trad. du portugais par Duperron de Castéra. *Paris*, 1755, in-12, fig., 3 vol., v. br. — La Lusiade di Luigi Camoens, tradotta in italiano da N. N., con vita del autore ed argomenti aggiunti da Gian Francesco Barreto. *Torino*, 1772, pet. in-8, cart.

770. The Lusiad, or the discovery of India, an epic poem, transl. from the portuguese of Luis de Camoens, with an historical introduction and notes, by Will. Jun. Mickle. *London*, 1807, in-18, pap. vél., 5 vol., v. rac.

4. POÉSIE ANGLAISE, ALLEMANDE, ETC.

771. The art of english poetry, by Edw. Bysshe. *London*, 1762, in-12, 2 vol., v. gr., fil. — Poétique anglaise, par Hennet. *Paris*, 1806, in-8, 5 vol., v. gr., fil.

772. The works of the english poets, with prefaces biographical and critical, by S. Johnson. *London*, 1790, in-12, portr., 75 vol., v. v., gr.

773. The beauties of scottish poets ancient and modern. *Glasgow*, 1823, in-18, pap. vél., fig., v., fil. — The works of Ossian, the son of Fingal, translat. from the gallic language, by J. Macpherson. *Paris*, 1785, pet. in-12, 4 vol., v. f.

774. The poems of Ossian, in the original gaelic, with a literal translation into latin, by Rob. Macfarlan, together with a dissertation on the authenticity of the poems, by sir John Sinclair... *London*, 1807, in-8, pap. vél., 5 vol., mar. citr., fil., tr. dor.

775. Five pieces of runic poetry, translat. from the islandic language. *London*, 1763, in-8, v. rac., dent.

776. The poetical works of Jos. Addison. *Edinburg, Bell*, 1784, in-18, v. f., fil., tr. dor. — The poetical works of Edm. Waller. *Edinburgh*, 1777, in-18, 2 vol., v. gr., fil.

777. Poems by Will. Cowper. *Chiswick*, 1819, in-18, pap. vél., 2 vol., v. rou., fil.

778. Poems and essays by miss Bowdler. *Bath*, 1787, in-8, 2 vol., v. éc.

779. Hudibras, poème (par Sam. Butler), trad. en vers français, avec des remarques, texte en regard. *Londres*, 1757, in-12, fig., 5 vol., d.-rel.

780. Essai sur l'homme, poème philosophique, par A. Pope, en cinq langues, savoir : anglois, latin, italien, françois et allemand. *Strasbourg*, 1772, in-8, v. gr.

781. Les Saisons de Thomson, trad. par Deleuze. *Paris*, 1817, in-18, fig., mar. r., dent., tr. dor.

782. The farmer's Boy, a rural poem, by Rob. Bloomfield. *London, Vimor and Hood*, 1801, in-18, fig., pap. vél., v. rac., fil., tr. dor. — The remains of Rob. Blomfield. *London*, 1824, in-12, pap. vél, 2 tom. en 1 vol., v. v., fil.

783. Le Valet du Fermier, poème champêtre par Rob. Bloomfield, trad. de l'anglais (par Ét. Fr. Allard). *Paris, Dentu*, an x, in-12, fig., v. rac., fil.

784. The pleasures of memory with other poems by Sam. Rogers. *London*, 1801, in-18, pap. vél., fig., v. gr., fil. à comp., tr. dor., doublé de moire, dent.

785. Infancy, or the management of children, a poem, by Hugh Dowman. *Exeter*, 1805, in-8, d.-rel., dos de v. — The triumphs of temper, a poem in six cantos, by Will. Hayley. *London*, 1788, in-12, fig., v. fil.

786. The shipwreck, a poem, by Will. Falconer, with notes and a life of the author by Clarke. *London, W. Miller*, 1806, in-8, pap. vél., fig., mar. r., dent., fers à fr., tr. dor., doublé de moire bl. *Simier.*

787. Joan of Arc, by Rob. Southey. *London, Longman*, 1812, in-12, pap, vél., 2 tom. en 1 vol., v. f., fil., tr. dor. *Simier.*

788. The queen's wake, a legendary poem, by James Hogg. *Edinburgh*, 1819, in-8, v. viol., fil., dos à nerfs.

789. Childe Harold's Pilgrimage, and other poems, by lord Byron. *London, J. Murray*, 1814, in-8, pap. vél., v. f., dent., tr. dor. *Simier.* — Don Juan, canto III, by the same. *London*, 1819, in-8, pap. vél., cart. à l'angl. — Mazeppa, a poem, by the same. *London*, 1819, in-8, pap. vél., d.-rel., dos de v.

790. The Lord of the Isles, a poem, by Walter Scott. *Edinburgh, Constable*, 1815, 1 vol. — Rokeby, a poem, by Walter Scott. *Edinburgh, Longman*, 1815, 1 vol. — The Lady of the Lake, a poem, by Walter Scott. *Edinburgh, Longman*, 1816, 1 vol. — Miscellaneous poems, by Walter Scott. *Edinburgh, Constable*, 1820. = The Bridal of Triermain and Harold the dauntless, two poems by the same. *Edinburgh, Constable*, 1819, 1 vol.; les 4 vol. in-8, pap. vél., v. f. *Simier.*

791. The loves of the Angels, a poem, by Th. Moore. *Paris*,
Galignani, 1825, in-12, pap. vél., d.-rel., dos de v. —
Zuléika et Selim, ou la vierge d'Abydos, par L. Byron, tr.
de l'angl. par Léon Thiessé. *Paris*, 1816, in-12, d.-rel.,
dos de v.

792. Fables, by John Gay. *London*, pet. in-12, pap. vél., fig.,
2 tom. en 1 vol., v. gr., fil.

793. The vocal lyre, a collection of songs. *Chiswick*, 1822,
in-18, pap. vél., v. f., dent., fers à fr.

794. La Messiade, par Klopstock. *Carlsruhe*, 1775, in-8,
4 vol., v. gr. (*En allemand.*)

795. Satyres de Rabener. *Vienne*, 1776, in-8, 4 vol., d.-rel.
(*En allemand.*) — Fables et contes, par Hagedorn. *Magdebourg*, 1765, pet. in-8, bas., rac. (*En allemand.*) — Poèmes,
par Holty. *Vienne*, 1790, in-12, v. rac., fil. (*En allemand.*)

796. Poésies lyriques de M. Ramler, trad. de l'allem. (par
Cacault). *Berlin*, 1777, pet. in-8, d.-rel. — Musarion, ou
la philosophie des graces, poème. 1784, gr. in-8, br. en
carton.

797. Poésies de Goethe, trad. de l'allemand par Mme E. Panckoucke. *Paris*, 1825, in-52, pap. vél., v. viol., dent., fers à
froid, tr. dor. *Thouvenin*.

798. Recherches sur le Ranz des vaches ou sur les chansons
pastorales des bergers de la Suisse, avec musique, par G.
Tarenne. *Paris*, 1813, in-8, d.-rel., dos de v.

799. Fables russes de M. Kriloff, imitées en vers français et
italiens par divers auteurs, et publiées par le comte Orloff.
Paris, *Bossange*, 1825, in-8, fig., 2 vol., v. gr., fil.

§ III. THÉATRE.

800. M. Ac. Plauti comœdiæ, acced. comment. ex varior. notis
ac observation., ex museo M. Z. Boxhornii. *Lugd.-Batav.*,
1645, in-8, vél.

801. Les œuvres de Plaute, en latin et en françois, trad. par
P. de Limiers. *Amsterd.*, 1719, in-12, fig., 10 vol., v. br.

802. P. Terentii comœdiæ sex, ex recensione Heinsiana. *Lugd.-
Batav.*, *Elzev.*, 1635, pet. in-12, v. f., fil., tr. dor. réglé.

802 *bis*. Pub. Terentii comœdiæ, edidit Fred. Henr. Bothe.
Berolini, 1806, in-8, v. gr., fil.

803. P. Terentii comœdiæ sex, ex recensione Fr. Lindenbro-
gii, cum variorum observationibus et conjecturis, quibus

et suas adspersit Car. Zeunius… *Londini*, 1820, in-8, pap. vél., 2 vol., d.-rel., dos de mar. r., non rognés. *Purgold et Héring*.

803 *bis*. Comédies de Térence, avec la traduction de Mme Dacier. *Amsterd.*, 1747, in-12, fig., 3 vol., v. m. — Les comédies de Térence, trad , avec le texte latin en regard et des notes, par Lemonnier. *Paris*, 1771, in-8, 5 vol., v., gr., fil.

804. Collection des mémoires sur l'art dramatique. *Paris, Ponthieu*, 1822 et 1825, in-8, 12 vol., v. viol., fil., à comp., dos à nerfs. *Bibolet*, et 2 vol. br.

805. Anecdotes dramatiques (par Clément). *Paris*, 1775, in-8, 3 vol., v. m — Le rideau levé, ou petite revue de nos grands théâtres (par Sèvelinges). *Paris*, 1818, in-8, d.-rel., dos de veau.

806. Histoire du théâtre de l'Opéra en France (comp. par Travenol et publ. par Durey de Noinville). *Paris*, 1753, in-8, 2 tom. en 1 vol. V.

807. Œuvres de Molière. *Paris, stéréot. de Didot*, an VII, in-18, 8 vol. — Œuvres choisies de P. et Th. Corneille. *Ibid.*, an VIII, 4 vol. — Œuvres de Regnard. *Ibid.*, 1801, 5 vol. Les 17 vol. d.-rel.

808. La Guisiade, tragédie en laquelle au vray, et sans passion, est représenté le massacre du duc de Guise; édition revue et augmentée de notes historiques et critiques, par P. Matthieu. *Sur l'imprimé à Lyon par J. Roussin*, 1589. = La tragédie de feu Gaspar de Coligni, contenant ce qui advint à Paris le 24 aoust 1572, par Franç. de Chantelouve. 1575, in-8, mar. r., fil., tr. dor. (*Réimpression.*)

809. Œuvres de Molière, avec un commentaire par M. Auger. *Paris, Desoer*, 1819, in-8, fig., 9 vol., br.

810. Œuvres complètes de Molière, avec les notes de tous les commentateurs; édition publiée par M. Aimé-Martin. *Paris, Lefèvre*, 1824, in-8, gr. pap. vél., fig., 8 vol., br.

811. Œuvres complètes de Molière. *Paris, L. Debure*, 1825, gr. in-8, pap. vél., d.-rel., dos de mar. r., non rogn., avec le portr. de Molière sur pap. de Chine.

812. Le théâtre de Pierre Corneille. *Impr. à Rouen*, 1664, in-fol., 2 vol., bas., dent. *Aux armes.*

813. Œuvres de P. Corneille. *Paris, Lefèvre*, 1824, in-8, grand pap. vél., 12 vol., d.-rel., dos de maroquin puce, non rognés.

814. Œuvres complètes de J. Racine, avec les notes de tous les commentateurs; édition publiée par L. Aimé-Martin. *Paris, Lefèvre*, 1820, in-8, fig., 6 vol., v. f., ant., dent., fers à fr., tr. dor. *Thouvenin.*

815. Théâtre complet de J. Racine, avec le commentaire de La Harpe. *Paris, Verdière*, 1817, in-8, fig., 5 vol., v. éc., fil.

816. Œuvres de J. Racine, avec des commentaires par Geoffroy. *Paris, Lenormant*, 1808, in-8, fig., 7 vol., v. gr., dent.

817. Œuvres de Regnard, avec des variantes et des notes. *Paris, Brière*, 1823, in-8, v. f., fil., dos à nerfs. 6 vol.

848. Les œuvres de théâtre de Dancourt. *Paris*, 1760, pet. in-12, 12 vol., bas. mar.

819. Œuvres de Crébillon. *Paris, Didot a.*, 1812, in-8, fig., 3 tom. en 1 vol., v. f., dent., tr. dor. *Simier.*

820. François II, roi de France (drame, par le prés. Hénault). 1768, in-8, mar., r., fil., tr. dor.

821. Cornélie, vestale, tragédie (par le prés. Hénault). *Imp. à Strawberry-Hill*, 1768, in-8, bas., m.

    Cette pièce a paru pour la première fois en Angleterre, et est imprimée chez Horace Walpole.

822. Pièces de théâtre en vers et en prose : Cornélie, vestale, tragédie. == François II, roi de France. == La petite maison, comédie. == Le jaloux de lui-même, comédie. == Le réveil d'Épiménide, par le présid. Hénault. 1759, in-8, mar., v. f., fil., tr. dor.

823. Théâtre de société (par Collé). *La Haye*, 1777, in-12, 3 vol., v. m.

824. Œuvres d'Autreau. *Paris*, 1749, pet. in-8, 4 vol., v. m.

825. Charles II, roi d'Angleterre en certain lieu, comédie très morale, en cinq actes très courts, par un disciple de Pythagore. *Venise*, 1789, in-8, d.-rel.

826. Théâtre et poésies diverses de M. J. de Chénier. *Paris*, 1818, in-8, 4 vol., v. f., ant. — Épître à Voltaire, par le même. *Paris, Didot j.*, 1806, in-8, pap. vél., d.-rel.

827. Les Templiers, tragédie par M. Raynouard. *Paris*, an XIII, 1 vol. — Phédosie, tragéd. par Eus. Salverte. *Paris, Delaunay*, 1813, 1 vol. — Jeanne d'Arc à Rouen, trag. par M. d'Avrigny. *Paris, Ladvocat*, 1819, 1 vol. — Fiesque, tragédie, par M. Ancelot. *Paris*, 1824, 1 vol.; les 4 vol., d.-rel. — Annibal, trag. par F. Didot. *Paris*, 1830, in-8, gr. pap. vél.

cart. à la Brad. — Les Etats de Blois, scènes historiques par l'auteur des Barricades. *Paris, Ponthieu*, 1827, in-8, br.

828. Ninon de Lenclos, comédie, suivie de poésies fugitives, par Vigée. *Paris*, 1797, in-8, gr. pap. vél., cart. à la Brad. — Les deux gendres, comédie, par M. Étienne. *Paris, Lenormant*, 1810, 1 vol., — Le Folliculaire, coméd., par de la Ville de Mirmant. *Paris, Ladvocat*, 1820, 1 vol. — Le mari à bonnes fortunes, ou la leçon, com. par M. Casimir Bonjour. *Paris, Ponthieu*, 1824, 4 vol.; les 3 vol. in-8, d.-rel.

829. De M. Cas. Delavigne: Le Paria, tragédie. *Paris*, 1821, 1 vol. — Les Comédiens, comédie. *Paris*, 1820, 1 vol.— L'Ecole des Vieillards, com. *Paris*, 1823, 1 vol., 5 vol., in-8, d.-rel.

830. De Nep. Lemercier: Le Complot domestique, com. *Paris*, 1817. = Le faux bon-homme, com. 1817. = Charlemagne, trag. 1816. = Le frère et la sœur jumeaux, com. 1816. = Agar et Ismael, et autres pièces diverses réunies en 1 vol. — La démence de Charles VI, trag. *Paris*, 1820, 1 vol. — Frédégonde et Brunéhaut, trag. *Paris*, 1824, 1 vol. — Louis IX en Egypte, trag. *Paris*, 1821, 1 vol., ces 4 vol., d.-rel.

831. Il Negromante, comedia di messer Lodovico Ariosto. *In Vinegia*, 1538. = La Lena, comedia del medesimo. *In Vinegia*, 1538, pet. in-8, dem. rel., d. de v.

832. Aminta di Torq. Tasso. *Parigi, Nepveu*, 1813, in-18, pap., vél., fig. av. la lettre, mar. bl., dent., tr. dor., doublé de moire r., dent.

833. Opere del signor abate P. Metastasio. *Londra*, 1784, in-32, 12 vol., mar. bl., fil., tr. dor. (renfermés dans une boite en bois simulant 2 vol. in-8.,

834. Nuovo Teatro comico di Carlo Goldoni. *In Venezia*, 1757, in-8, 5 vol., v. m.

835. Tragedie di Vitt. Alfieri. Edizione emend. da G. B. Boschini. *Londra*, 1815, in-32, pap. vél., 5 vol., mar. bl., dent., tr. dor., doub. de tabis. *Simier.*

836. Comedias de Moratin publicadas con el nombre de Inarco Celenio. *Parigi, Baudry*, 1820, in-18, 2 vol., v. ant., dent. *Simier fils.*

837. Theatro comico Portuguez, ou collecçao das operas Portuguezas. *Lisboa*, 1787, pet. in-8, 4 vol., br.

838. British theatre. *London*, *J. Bell*, 1791, in-18, pap.
vél., fig., 22 vol., v. gr.

859. Choix de petites pièces du théâtre anglais (trad. par
Pattu). *Paris*, 1756, pet. in-8, v, br.

840. The Works of Spenser, with a glossary, the life of the
author and an essay on allegorical poetry, by Hughes. *London*, 1750, in-18, 6 vol., v. m., fil.

841. Shakspeare's dramatic works, with notes. *London*, J.
Stockdale, 1784, in8-, v. rac.

841 bis. The dramatick writings of Will. Shakespeare, with
the notes of the commentat. *London*, J. Bell, 1788, in-18,
20 vol., fig., v. gr, fil.

842. The works of Georges Farquhar. *London*, 1772, in-12,
2 vol., v. gr., fil. — The gentle Shepherd, a scots pastoral
comedy. by Allan Ramsay. *Perth, Morison*, 1788, in-18,
fig., v. ant., fil. — Laou-Seng-Urh, or an heir in his old
age, a chinese drama. *London, J. Murray*, 1817, in-12,
pap. vél., v. f., fil., tr. dor.

843. Cain, a mystery, by L. Byron. *Paris, Galignani*, 1822,
1 vol. — Heaven and Earth, a mystery, by L. Byron. *Paris,
Galignani*, 1823, 1 vol. —Werner, a tragedy by lord Byron.
Paris, Galignani, 1825, 1 vol.; les 5 vol. in-12, pap. vél.,
d.-rel.

844. Marino Faliero, an historical trag., with notes; the pro-
phety of Dante, a poem, by lord Byron. *London, J. Murray*,
1821, in-8, pap. vél., v. ant., dos à nerfs. *Simier*.

845. The hour of Trial, a tragedy by J. Laur. Bicknell. *London*, 1824, in-8, pap. vél., d.-rel., dos de v.

846. Théâtre allemand, par Junker et Liebault. *Paris*, 1772,
in-12, 2 vol., v. m.

847. Le tableau d'un héros, ou vie dramatisée d'Herman, tr.
de l'allemand de F. T. Klopstock. *Paris*, an xi, in-8, v. rac.

§ IV. POLYGRAPHIE.

1. POLYGRAPHIES LATINS, FRANÇAIS.

848. M. T. Ciceronis opera omnia ex recensione Jo. Aug.
Ernesti, cum ejusd. notis et clav. Ciceroniana. *Londini*, 1817,
in-8, 8 vol. — Delectus commentarior. in Ciceronis opera,
ex editione Josephi Oliveti. *Londini*, 1819, 5 vol.—Lexicon
Ciceronianum Marii Nizolii, ex recensione Alex. Scoti. *Lon-

dini, 1820, in-8, 5 vol. Les 14 vol. v. rou., dent., dos à nerfs.

849. OEuvres de Cicéron, trad. nouv. (par Demeunier, Clément, etc.). *Paris*, 1785, in-12, 9 vol., v. f., fil.

850. Poggii Florent. opera. *Argentinæ*, 1513, pet. in-fol., v. f.

851. Les œuvres de maistre Alain Chartier, rev. et augm. par André du Chesne. *Paris*, 1617, in-4, v. f., dent. *Simier fils.*

852. Les œuvres de Voiture. *Paris*, 1650, in-4, v. br.

853. Les œuvres diverses du sieur de Balzac. *A Leide, chez les Elzévirs*, 1651, pet. in-12, mar. r., fil., tr. dor.—Lettres choisies de Balzac. *Ibid.*, 1656, pet. in-12, v. rac., dent., tr. dor. — Lettres de Balzac à Conrart. *Paris, A. Courbé*, 1659, pet. in-12, v. ant., fil. *Bibolet.*

854. D'Antoine Hamilton : Mémoires du c^te de Grammont. *La Haye*, 1741, 1 vol., v. f.—Histoire de Fleur d'Épine. *Paris*, 1730, 1 vol., v. f. — Les quatre Facardins. *Paris*, 1730, 1 vol., v. f. — Le Bélier. *Paris*, 1730, 1 vol., mar. rou., fil., tr. dor. — OEuvres mêlées, en prose et en vers. *Paris*, 1731, 3 part. en 1 vol., v. br.; en tout, 5 vol. in-12.

855. Recueil de divers ouvrages en prose et en vers (par le le P. Brumoy). *Paris*, 1741, pet. in-8, 2 vol., v. m.

856. OEuvres compl. de mad. de Staal. *Maestricht*, 1785, in-12, 2 vol., mar. v., fil.

857. OEuvres de Montesquieu. *Londres, Nourse*, 1767, in-4, gr. pap., 5 vol., v. f., fil.

858. OEuvres complètes de Montesquieu, édition avec les notes d'Helvétius sur l'esprit des lois. *Paris, Didot a.*, 1795, in-18, pap. vél., 12 vol., mar. r., dent., tr. dor. doublés de moire bl., dent. *Bozerian jeune.*

859. OEuvres de Montesquieu. *Paris, Lequien*, 1819, in-8, 4 vol., v. f., fil. *Simier fils.*

860. OEuvres diverses de Fontenelle, avec les fig. de B. Picart. *La Haye*, 1728, in-fol., 5 vol., v. f., fil.

861. OEuvres de Fontenelle. *Paris*, 1767, in-12, 11 vol. v. m.

862. OEuvres de Boulanger. *Amst.*, 1794, in-8, 6 vol., v. gr., dent., tr. dor.

863. OEuvres de Louis Racine. *Paris, Lenormant*, 1808, in-8, fig., 6 vol., v. gr., dent.

864. OEuvres complètes d'Helvétius. *Londres*, 1781, in-4,
2 vol., v. éc., fil.

865. OEuvres complètes de J. J. Rousseau. *Paris, Poinsot,*
1788, in-8, pap. vél., fig. av. la lettre, 58 vol., mar. r.,
fil., tr. dor. *Rel. par Mouillie.*

866. OEuvres compl. de Voltaire. (*Kehl*), 1785, in-12, 75 vol.,
v. éc., fil. (La correspond. manque.)

867. OEuvres complètes de Voltaire. *Paris, Renouard,* 1819 et
suiv., in-8, gr. pap. vél., fig. av. la lettre, 66 vol., d.-rel.,
dos de mar. puce, n. rog.

868. Figures pour les œuvres de Voltaire, d'après les dessins
de M. A. Desenne. *Paris, A. Desenne,* 1822, pap. de Chine
avant la lettre. (Manque la 11e livraison.)

869. OEuvres de Condillac. *Paris,* 1798, in-8, 25 vol., v. rac.

870. OEuvres du comte de Tressan. *Paris, Nepveu,* 1823, in-8,
gr. pap. vél., fig. sur pap. de Chine, 10 vol., d.-rel., dos
de mar. rou., n. rog. *Simier.*

871. OEuvres compl. de l'abbé de Mably. *Londres,* 1789,
in-8, 12 vol., v. m., fil.

872. OEuvres du philosophe de Sans-Souci. *Au donjon du
château,* 1750, in-4, 3 vol., v. m.

873. OEuvres posthumes de Frédéric II. *Berlin,* 1788, in-8,
15 vol., v. m.

874. OEuvres posthumes d'Athanase Auger. *Paris,* 1792,
in-8, 10 vol., bas.

875. OEuvres compl. de Chamfort. *Paris,* 1812, in-8, 2 vol.,
v. gr., fil.

876. OEuvres de La Harpe. *Paris,* 1778-1786, 6 vol. —
Lycée ou Cours de littérature ancienne et moderne, par La
Harpe. *Paris, Agasse,* an VII, 16 vol. en 19 part. — Correspondance littéraire, depuis 1774 jusqu'à 1780, par La
Harpe. *Paris,* an IX, 5 vol. Les 31 vol. in-8, v. éc., fil.
— Réfutation du livre de l'esprit, par J. F. La Harpe. *Paris,* 1797. = Le salut public, ou la Vérité dite à la Conven-
vention par un homme libre. *Paris,* an III. = Correspondance turque (par Colnet). *Paris,* an IX, in-8, d.-rel.

877. Manuscrits de M. Necker, publ. par sa fille. *Genève,*
an XIII, in-8, v. gr., fil.

878. OEuvres inédites de mad. de Staël. *Paris,* 1821, in-12,
3 vol., v. f., fil. *Simier fils.* —Recueil de morceaux détachés,
par mad. de Staël. *Lausanne,* 1795. = Réflexions sur la

paix, par la même. 1795. = Réflexions sur le divorce, par
la même. *Lausanne*, in-8, v. rac.

879. Les études littéraires et poétiques d'un vieillard, par le
comte Boissy-Danglas. *Paris*, 1825, in-12, 6 vol., d.-rel.,
dos de v. à n. — Œuvres de Lacretelle ainé. *Paris*, *Bossange fr.*, 1823, in-8, 5 vol., br.

880. Recueil d'opuscules en vers et en prose (par le marquis
de Cramayel). *Paris*, *F. Didot*, 1804, in-18, pap. mar.,
fil., cart. à la Brad.

881. Opuscules mêlés de littérature et de philosophie, par
Rœderer. *Paris*, an viii, in-8, v. m. — Opuscules (par le
même). *Paris*, an x, in-8, bas. gr., fil.—1 vol. in-8, d.-rel.
conten. des broch. de M. Berriat de Saint-Prix , dont : Discours sur les jouissances des gens de lettres. *Grenoble*, 1807.
= Observations sur plusieurs lettres inédites de François et
Henri, ducs de Guise. *Paris*, 1822, etc., etc.

882. De M. de Fortia d'Urban : Histoire ancienne des Saliens.
Paris, 1805, 1 vol.—Considérations sur l'origine et l'hist.
anc. du monde. *Paris*, 1807, 1 vol.—Hist. de la Chine av.
le déluge d'Ogigès. *Paris*, 1807, 2 tom. en 1 vol.—Plan de
travail sur l'hist. des Celtes. *Paris*, 1807 , 1 vol. — Essai
sur l'origine des anciens peuples. *Paris*, 1808, 1 vol.—Antiquités de Vaucluse. *Paris*, 1808, 3 tom. en 2 vol.—Berose
et Annias de Viterbe ou les antiquités caldéennes. *Paris*,
1808, 1 vol. — Essai sur les plus anc. monumens de la géographie. *Paris*, 1809 . 1 vol. — Plan d'un atlas historique,
1807 , 1 vol.—Hist. du déluge d'Ogigès ou de Noé. *Paris*,
1809, 1 vol.—Nouveau système préadamite. *Paris*, 1809.—
Tableau historiq. et géograph. du monde. *Paris*, 1810, 4 v.
—Hist. anc. des Saliens. *Paris*, 1811, 1 vol. — Nouveau
syst. bibliographique. *Paris*, 1821, 1 v.—Le même, 2e éd.,
1822, 1 vol., 19 vol. in-12, 17, d.-rel., et 2 v. rac., dent.

— 883. Opere di Niccolo Machiavelli. *Italia*, 1813, in-8, 8 vol.,
v. rac., dent.

— 884. Prose di M. Agnolo Firenzuola. *In Fiorenza*, 1552,
in-8, mar. citr., fers à fr., tr. dor.

— 885. Discorsi varj del conte Aless. Verri. *Milano*, 1818, pet.
in-8, v. f., dent. *Simier fils*.

886. Obras de don Franc. de Quevedo Villegas. *En Amberes*, 1726, in-4, fig., 4 vol., v. m.

887. OEuvres de Bacon, trad. avec des notes, par Ant. La-salle. *Dijon*, an VIII, in-8, v. rac., fil. (Tom. 1 à 6.)

888. The miscellaneous Works in verse and prose of Jos. Addison with some account of his life and writings, by Tickell. *London*, 1777, pet. in-8, 5 vol., v. gr.

889. The Works of Alex. Pope, with his last corrections and all his notes. *London*, 1757, in-18, fig., 10 vol., v. gr., fil.

890. The Works of Sam. Johnson. *London*, 1820, in-8, 12 vol., v. m., fil., dos à nerfs. *Rel. angl.*

891. Miscellaneous works of Edw. Gibbon, with memoirs of his life and writings composed by himself; illustrated from letters, with notes, by John Lord Sheffield. *Basil*, 1796, in-8, 7 vol., bas. rac., fil.

892. The works of sir William Jones. *London*, 1799, gr. in-4, pap. vél., 6 vol., v. f., dent. *Simier*.

893. The works of Laurence Sterne. *London*, 1825, in-12, 4 vol., v. gr., fil.

894. The poetical and dramatical works of Oliver Goldsmith, with an account of the life and writings of the author. *London*, 1787, in-8, 2 vol., v. rac.

895. The works of Lord Byron. *London*, J. *Murray*, 1816-1819; in-12, pap. vél., 7 tom. en 4 vol., v. f. *Simier*.

896. Les OEuvres de Gellert. *Leipsig*, 1775, in-8, 5 vol., bas. m. (*En allem.*) — OEuvres mêlées de Jacobi. *Amst.*, 1771, in-8, 2 tom. en 1 vol., d.-rel. (*En allem.*) — OEu-vres de von Kleist. *Vienne*, 1774, in-12, bas. (*En allem.*) — OEuvres de Gessner. *Vienne*, 1789, in-12, fig., 4 tom. en 2 vol., v. rac., fil. (*En allem.*)

897. OEuvres de Sal. Gessner. *Zurich*, 1788, pet. in-8, fig., 2 vol., v. gr., fil. (*En allem.*)

898. OEuvres de Wieland. *Carlsruhe*, 1777, in-12, 24 vol., d.-rel. (*En allemand.*)

5. PENSÉES, EXTRAITS, MÉLANGES.

899. Pensées ingénieuses des anciennes et des modernes. *Paris*, 1761, in-12, bas. m. — Recueil d'épigrammes, de bons mots et de bons contes. *Amst.*, P. *Marteau*, 1726, in-12, v. br.

900. L'esprit de Fontenelle (par Prémonval). *La Haye*, 1744,

in-12, v. m. — Esprit, maximes et principes du même (par Chas). *Paris*, 1788, in-12, bas. m. — Esprit, maximes et principes de Thomas. *Paris*, 1788, in-12, bas. m. — Esprit, max. et princ. de d'Alembert (par Chas). *Paris*, 1789, in-12, bas. m. — Le génie de Hume ou Analyse de ses ouvrages. *Paris*, 1770, in-12, v. m.

901. Auctores cum glosa octo libros subscriptos continentes: videlicet Cathonis, Theodoli, Faceti, Cartule : alias de contemptu mundi, Thobiadis parabolarum alani, fabularum Esopi, Floreti. *Lugduni, Johan. Deprato*, 1492, in-4, v. dent., fers à fr., goth. (Piqué.)

902. Variétez ingénieuses ou Recueil et mélanges de pièces sérieuses et amusantes, par D*** (L. Decourt). *Paris*, 1725, in-12, d.-rel. — La lecture ambulante ou les Amusemens de la campagne, de juin à décembre 1702. *Paris*, 1702, v. br. — Recueil de diverses pièces sur la philosophie, les mathématiques, l'histoire, etc., par Leibnitz, publ. avec des remarques par Chrét. Kortholt. *Hambourg*, 1754, in-12, v. m.

903. Variétés littéraires, ou Recueil de pièces tant originales que traduites, concernant la philosophie, la littérature et les arts. *Paris*, 1770, in-12, 4 vol., v. m.—Le portefeuille d'un homme de goût (par l'abbé de la Porte). *Amsterd.*, 1770, in-12, 3 vol., v. gr., fil., tr. dor.—Recueil de pièces intéressantes concern. les antiquités, les beaux-arts, les belles-lettres et la philosophie, trad. de différentes langues. *Paris, Barbou*, 1787, in-8, 5 v. gr., fil. ✦

904. Nouvelle bibliothèque de société, contenant des faits intéressans, des mélanges de littérature et de morale, etc. *Paris*, 1782, pet. in-12, 4 vol., v. m. — Recueil d'histoires, suivi d'un choix d'Idylles tirées des œuvres de Gessner, en franç. et en allem. *Paris*, 1798, in-8, d.-rel.

905. Mélanges de littérature et de philosophie, par Ancillon. *Paris*, 1809, in-8, 2 tom. en 1 vol., v. rac., fil. —Essais philosophiques ou nouv. mélanges de littérature et de philosophie, par Ancillon. *Paris*, 1817, in-8, 2 tom. en 1 vol., v. rac., fil.

906. Petit traité de l'amour des femmes pour les sots. *A Bagatelle*, 1788.══Clarisse Harlowe, drame. *Paris, Imp. de M.* 1786. ══ L'impertinent, com. par Desmahis. *Paris*, 1751. ══ Le vice puni, ou Cartouche, poème par Grandval. *Anvers*, 1768, in-8, fig., v. gr., fil.

907. Recueil de brochures en vers et en prose, pièces de théâtre, sujets divers de littérature et de politique, etc. ; in-8,
11 vol., d.-rel.

908. Leçons italiennes de littérature et de morale, par Noël.
Paris, 1824, in-8, 2 vol., v. f., fil.

909. Jardin de flores curiosas en que se tratan algunas mate-
rias de humanidad, philosophia, theologia y geographia
con otras cosas curiosas, y apazibles, compuesto por Ant.
de Torquemada. *Anvers*, 1575, pet. in-12, v. f., fil. —
Variety : a collection of essays, written in the year 1787.
London, 1788, in-12, v. f.

940. Semanario erudito., que comprehende varias obras inedi-
tas, criticas, morales, politicas, historicas, etc., de nuestros
mejores autores antiguos y modernos, dalas a luz don Ant.
Valladarés de Sotomayor. *Madrid*, 1787, pet. in-4, 10 vol.,
bas. rac.

941. The Asiatic miscellany, consisting of translations, fugitives pieces, imitations, original productions and extracts
from curious publications, by W. Chambers and sir W. Jones. *London*, 1787, in-18, v. gr., fil.

HISTOIRE.

I. INTRODUCTION.

912. Méthode pour étudier l'histoire, par Lenglet Dufresnoy.
Paris, 1729. — Supplément. *Paris*, 1741, in-4, gr. pap.,
cartes et fig., 5 vol., v. br.

913. Letters on the study and use of history, by lord Boling-
broke. *Basil*, 1788, in-8, v. f., fil., tr. dor. *Derome jeune*. —
Discours sur l'histoire et la politique en général, par Pries-
tley, trad. de l'angl. par Cantwell. *Paris*, an IV, in-8, 2 vol.,
v. rac.

914. Le guide de l'histoire, par M. Née de la Rochelle. *Paris*,
an XI, in-8, 3 vol., d.-rel. — La physique de l'histoire (par
l'abbé Pichon). *Paris*, 1765, in-12, v. m., fil.

915. Esprit de l'histoire, par Ferrand. *Paris*, 1819, in-8,
4 vol., v. f., fil.

916. Lexicon universale historico-geographico-chronologico-
poetico-philologicum, operà et studio Joh. Jac. Hofmanni.
Basileæ, 1677, in-fol., 2 vol. — J. J. Hofmanni Lexici

univ. continuatio. *Basileæ*, 1685, in-fol., 2 vol.; en tout,
4 vol., d.-rel.

II. GÉOGRAPHIE.

917. L'usage des sphères célestes et terrestres, par Bion. *Paris*,
1699, in-12, fig., v. br. — Les usages de la sphère et des
globes céleste et terrestre, par Delamarche. *Paris*, 1791,
in- , fig., bas. — Mémoire sur une nouvelle Mappemonde,
par B... 1753, in-4, bas. m.

918. Géographie des Grecs analysée, par Gosselin. *Paris*, *Didot a.*, 1790, in-4, cartes, v. gr., fil. — Recherches sur la
géographie systématique et positive des anciens, par Gosselin. *Paris*, *Imp. de la Rép.*, an VI, in-4, cartes, 4 vol.; les
tomes 1 et 2, v. gr., fil., et les tom. 3 et 4, br. en cart.

919. Recherches sur la géographie ancienne et sur celle du
moyen-âge, par M. (A. Walckenaer). *Paris*, *I. R.*, 1823,
in-4, br.

920. Strabonis geographici commentarii, à Guarino Veron. et
Gregorio Trifernate latinitate donati, jam verò denuò à Conr.
Heresbachio ad fidem græcis exemplaris emendati. *Basi-
leæ*, 1523, in-fol., vél.

921. Strabo de situ orbis, lat. 1594, in-fol., v. v., dent. (Piq.)

922. Pomp. Melæ de orbis situ libri III, cum comment.
Joach. Vadiani *Parisiis*, 1540, in-fol., v. f.

923. Pomp. Melæ de situ orbis, lib. III, ex recensione And.
Schotti. *Rintelii*, 1666, in-18, bas. rac. — Pomp. Melæ
libri III, de situ orbis, cum notis Jac. Gronovii, J. Honorii
orat. excerpta cosmographiæ, etc. *Lugd.-Batav.*, 1696,
in-12, fig., vél. — Pomp. Melæ de situ orbis libri III, ex
recensione Jac. Gronovii. *Glasguæ*, 1752, in-12, v. éc.,
fil., tr. dor. — Pomp. Melæ de situ orbis libri III, cum varietate lectionis Rimoldi et Gronovii, curante Joan. Kappio.
Curiæ Regnitianæ, 1781, pet. in-8, v. rac., fil.
Ce numéro pourra être divisé.

924. Pomp. Melæ libri III, de situ orbis, cum observ. Isaaci
Vossii. *Franekeræ*, 1700, in-8, mar. v., fil.

925. Pomponii Melæ de situ orbis libri III, cum not. varior.,
curant. Abrah. Gronovio. *Lugd.-Bat.*, 1722, in-8, vél.

926. Pomponii Melæ de situ orbis libri III, cum not. varior.
curante Abrah. Gronovio. *Lugd.-Batavor.*, 1782, in-8,
d.-rel., pap. mar., fil., dos de mar. vert., n. rog.

927. Compendio geographico historico de el orbe antiguo, y descripcion de el sitio de la tierra, escripta por Pomponio Mela, restituido a la suia espanola, de la libreria de D. J. Ant. Gonzales de Salas. *Madrid*, 1780, in-8, fig., br.

+928. Cl. Ptolemæi geographia in vers. lat. *Romæ, Petr. de Turre*, 1490, gr. in-fol., relié en peau. **W**

+929. Cl. Ptolemæi Alex. liber geographiæ, cum tabulis et universali figura et cum additione locorum quæ à recentioribus reperta sunt diligenti. *Venetiis, Jac. Pontius*, 1511, in-fol., vél. **W**

930. Solinus de mirabilibus mundi. *Brixiæ, per Jac. Britannicum*, 1502, pet. in-fol., d.-rel.

931. Dicuili liber de mensura orbis terræ, à C. A. Walckenaer. *Parisiis, F. Didot*, 1807, in-8, br.

932. Dicuili liber de mensura orbis terræ, nunc primum in lucem editus à Car. Ath. Walckenaer. *Parisiis, F. Didot*, 1807, in-8, pap. vél., v. f., dent., tr. dor.

933. Notitia orbis antiqui, sive geographia plenior, ab ortu rerum publicarum ad Constantinorum tempora, orbis terrarum faciem declarans, curâ et studio Christ. Cellarii. *Lipsiæ*, 1701, in-4, cartes, 2 vol., d.-rel., n. rog.

934. Christ. Cellarii geographia antiqua in compendium redacta novis præfationibus nunc exornata à Franc. Tirolio et J. B. Ghisio. *Romæ*, 1784, gr. in-fol.obl., cartes, d.-rel., non rog.

935. Géographie ancienne abrégée, par d'Anville. *Paris*, 1769, gr. in-fol., d.-rel.

936. Compendium of ancient geography, by d'Anville, transl. from the french. *London*, 1791, in-8, fig., cart.

+ 937. Orbis veteribus notus, auct. d'Anville. 1763, gr. in-fol., cartes, d.-rel.

938. Geographia antiqua, aut. Sam. Patrick. *Berolini*, 1800, in-8, v, gr., fil. — De natura et incremento Nili libri II, aut. P. Joan. Bapt. Scortia. *Lugd.*, 1617.=M. Frid. Wendelini admiranda Nili. *Francofurti*, 1523, pet. in-8, v. f., fil. (Rare; le dernier piq. à la fin.)

939. Mich. Itsingeri Pentaplus regnorum mundi. *Antuerpiæ, Plant.*, 1599, pet. in-4, vél.—Siciliæ antiquæ tabulæ, cum animadvers. Georg. Gualtheri. *Messanæ*, 1625, pet. in-4, fig., vél.—Lettera di Fr. Mancia in risposta alla dissertazione di Elisio Tagiste intorno al sito di Cupra Montana. *Faenza*, 1768, in-8, fig., d.-rel., dos de v.

940. Dominici Marii Nigri geographiæ commentariorum libri XI, unà cum Laur. Corvini novoforensis geographia et Strabonis Epitome, per D. Hieron. Gemusæum translata. *Basileæ*, 1557, in-fol., v. br.

941. Ortelii theatrum orbis terrarum. 1570. ==Parergon sive veteris geographiæ aliquot tabulæ. 1578. == Nomenclator Ptolemaicus, omnia locorum vocabula, quæ in tota Ptolemæi geographia occurrunt continens. *Antuerpiæ, Plant.*, 1591. == Additamentum quintum theatri orbis terrarum Abrah. Ortelii. *Antuerp., Plant.*, 1695, gr. in-fol., fig., cart.

942. Abrah. Ortelii Theatrum orbis terrarum. *Antuerpiæ*, 1570, in-fol., cartes, vél. — Abrah. Ortelii theatri orbis terrarum parergon, sive veteris geographiæ tabulæ commentariis geogr. et histor., illustratæ curâ et studio Balth. Moreti. *Antuerpiæ, ex off. Plantin.*, 1624. ==Novus atlas sinensis, à Martino Martinio descriptus, 1654, gr. in-fol., fig., v. gr.

943. Abr. Ortelii Theatrum orbis terrarum. *Antuerpiæ*, 1575, gr. in-fol., cart. coloriées, vél. — Abrahami Ortelii theatri orbis terrarum parergon, sive veteris geographiæ tabulæ, cura et stud. Balth. Moreti. *Antuerpiæ, ex off. Plant.*, 1624, gr. in-fol., v. m. fil.

944. Abrah. Ortelii Thesaurus geographicus. *Antuerpiæ, ex off. Plantin.*, 1587, pet. in-fol., v. vert, dent.

945. L'ancienne géographie universelle comparée à la moderne, par Jos. Romain Joly. *Paris*, an ix, in-8, 2 vol., et atlas in-4, d.-rel., dos de v. — Lettres sur divers sujets importans de la géographie sacrée et de l'Histoire Sainte, par le P. J. R. Joly. *Paris*, 1772, in-4, cartes et fig., v. rac., dent., tr. dor. *Bozerian jeune*.

946. Géographie élémentaire moderne et ancienne, par Buache de la Neuville. *Paris*, 1772, in-12, 2 vol., bas. m. — Cours abr. de géographie anc. et mod., précédé d'un essai de cosmographie, par Jos. Martin. *Paris*, 1820, in-12, d.-rel., dos de v. — Géographie classique et élémentaire, partie ancienne, par Mentelle. *Paris*, 1813, in-12, d.-rel., dos de v. — Atlas géographique à l'usage des colléges ; 1re part., géographie ancienne. *Paris, Selves*, 1821, in-fol., cart.

947. Nouv. Dictionnaire de géographie ancienne et moderne, rédigé par F. D. Aynès. *Lyon*, 1804, in-8, 5 vol., v. rac., fil.

948. Traité de géographie comparée, 2e édition, par Ritter, (1re part., Afrique.) *Berlin*, 1822, in-8, v. viol., fil., fers à fr. *(En allem.)*

949. Lexicon geographicum, auth. F. Phil. Ferrario. *Londini*, 1657, in-fol., vél.

950. Lexicon geographicum, in quo universi orbis urbes provinciæ, regna, maria et flumina recensentur, edid. Phil. Ferrarius, Mich. Ant. Baudrand illustravit. *Parisiis*, 1670, in-fol., v. br.

951. Dizionario geografico portatile, traduz. dall' originale inglese nel francese e da questo nell' italiano dal sig. Brouckner. *Bassano*, 1778, in-8, 2 tom. en 1 vol., v. rac., fil.

952. Dictionnaire universel de géographie historique, statistique et commerciale, par Hermann. *Erfurth*, 1804-1806, in-4, 3 vol., v. m., fil. (A-M.) (*En allemand.*)

953. Esquisse d'une encyclopédie cosmographique et statistique, par Liechtenstern. *Vienne*, 1812, in-8, v. rac., fil. (*En allemand.*) — Plusieurs cahiers des Éphémérides géographiques, par Bertuch. *Weimar*, 1810, in-8, 2 vol., cart. (*En allemand.*)

954. Études de géographie appliquées à la politique actuelle, suivies d'un nouveau projet de paix perpétuelle, par M. B***. *Paris, Béchet*, 1829, in-8, 2 vol., br. — Choix de lectures géographiques et historiques, par Mentelle. *Paris*, 1783, in-8, cart., 6 vol., bas. m.

955. La science de la géographie, par le P. Jean Français. *Rennes*, 1652, pet. in-8, bas. m. — Cosmographie et pèlerinage du monde universel, dénombrement de toutes ses parties. *Paris*, 1669, in-8, v. br.

956. Espejo geographico por D. Pedro Hurtado de Mendoza. *Madrid*, 1690 et 1691, 3 part. en 2 vol., pet. in-8, vél.

957. Géographie pratique, par Chemereau. *Amsterd.*, 1715, in-4, fig., d -rel. — Géographie naturelle historique, politique et raisonnée, par Robert. *Paris*, 1777, in-12, 3 vol., v. m.

958. Geography anatomised : or the geographical grammar, by Pat. Gordon. *London*, 1735, in-8, cart., v. gr., fil. — Grammaire géographique, trad. de l'anglais de Pat. Gordon par M***. *Paris*, 1748, in-8, fig., v. gr.

959. Géographie historique, ecclésiastique et civile, par dom Jos. Vaissète. *Paris*, 1755, in-4, cartes, 4 vol., v. m.

960. A new system of geography, or a general description of the world, by D. Fenning and J. Collyer. *London*, 1775, in-fol., fig., 2 vol., v. gr.

961. The geographical magazine; or a new and univenal sys-

tem of geography, by Will. Fred. Martyn. *London*, 1782,
in-4, fig., 4 vol., v. gr., fil.

962. The habitable world described, or the present state of
the people in all parts of the globe from north to south,
with a great variety of maps and copper-plates, by the Rev.
John Trusler. *London*, 1788-1790, in-8, 20 vol., br. en
cart.

963. Géographie moderne, par l'abbé Nic. de Lacroix, revue
par Barbeau de la Bruyère. *Paris*, 1786, in-12, 2 vol.,
bas. m. — Notions élémentaires de géographie, par J. B.
Boucheseiche. *Paris*, an ix, in-12, d.-rel. — Géographie
élémentaire, par Mentelle. *Paris*, 1813, in-12, d.-rel. —
Nouvelle géographie élémentaire, par Frieville. *Paris*, 1817,
in-12, cart., d.-rel. — Tableau de la géographie universelle,
par E. Cortambert. *Paris*, 1852, in-12, d.-rel.

964. Géographie moderne, avec une introduction, par l'abbé
Clouet. *Paris*, 1787, in-fol., cart., d.-rel.

965. A new geographical, historical and commercial grammar, by Will. Guthrie. *London*, 1787, in-8, 2 tom. en
1 vol., bas., fil. — A new geographical and historical grammar, by Salmon. *London*, 1764, in-8, cartes, v. f.

966. A new geographical, historical and commercial grammar, and present state of the several kingdoms of the world,
by Will. Guthrie. *London*, 1805, in-8, cart., v. gr., fil. —
Abrégé de la géographie universelle de Will. Guthrie. *Paris*,
an xi, in-8, cartes, v. gr., fil.

967. Nouvelle géographie universelle des quatre parties du
monde, par Will. Guthrie, trad. de l'anglais par Fr. Noël.
Paris, *H. Langlois*, an x, in-8, 6 vol. en 9 part., v. gr.,
fil., et atlas in-fol., br. en carton.

968. Abrégé de la nouvelle géographie de Will. Guthrie. *Paris*, 1811, in-8, cartes, d.-rel., dos de v. — Abrégé de la
géographie moderne de J. Pinkerton. *Paris*, *Dentu*, 1805,
in-8, cartes, v. rac., fil.

969. Modern geography, by John Pinkerton. *London*, 1807,
in-4, 3 vol. et atlas, v. rac., fil.

970. Geografia moderna da Giov. Pinkerton, tradotta dall'
inglese da D. Luigi Galanti. *In Roma*, 1805, in-8, 7 vol.,
d.-rel. — Abrégé de géographie moderne, par Pinkerton et
M. Walckenaer. *Paris*, *Dentu*, 1811, in-8, 2 tom. en 1 vol.,
v. rac., dent.

971. Abrégé de la géographie moderne de J. Pinkerton, 2ᵉ édition. *Paris, Dentu,* 1806, in-8, cartes, v. gr., fil.—Nouveau manuel de géographie, par Depping. *Paris,* 1812, in-12, cartes, 2 vol., d.-rel.

972. Géographie mathématique, physique et politique de toutes les parties du monde, publiée par Edme Mentelle et Malte-Brun. *Paris, H. Tardieu,* an xii, in-8, 16 vol., v. gr., fil.

973. Manuel de géographie moderne, par Fabri. *Halle,* 1800, in-8, v. rac., fil. (*En allemand.*) — Manuel complet de géographie politique, par Roepert et Fick. *Leipsig,* 1801, in-8, v. rac., fil. (*En allemand.*)

974. Abrégé de géographie, par Fabri. *Halle,* 1801, in-8, d.-rel. (*En allemand.*) — Géographie physique, par Emm. Kant. *Konigsberg,* 1802, in-8, v. rac., fil. (*En allemand.*)

975. Géographie universelle, par Ad. Muller. *Hof.,* 1803-05, in-8, 4 vol., cart., non rog. (*En allemand.*) *Le tome 3ᵉ est incomplet.* — Manuel complet de géographie et de statistique, 1ʳᵉ partie, contenant la Grande-Bretagne, l'Espagne et le Portugal, par Hassel. *Berlin,* 1816, in-8, v. ant., fil. (*En allemand.*)

976. Manuel complet de géographie moderne, par Gaspari. (Introduction et l'Allemagne.) *Weimar,* 1802, in-8, 2 vol., v. rac., fil. (*En allemand.*) — Deuxième cours de géographie, par Gaspari. *Weimar,* 1819, in-8, 2 tom. en 1 vol., v. ant., fil. (*En allemand.*) — Atlas universel, par Gaspari. *Weimar,* 1819, gr. in-fol., d.-rel. (*En allemand.*)

977. Cours complet de géographie, par Gaspari. *Weimar,* 1806, in-8, 4 vol., v. rac., fil. (*En allemand.*)

978. Premier cours de géographie, par Gaspari. *Weimar,* 1814, in-8, d.-rel. (*En allemand.*) — Deuxième cours de géographie, par Gaspari. *Weimar,* 1811, in-8, v. gr., fil. (*En allemand.*)

978 *bis.* Manuel de géographie moderne, par Fabri. *Halle,* 1805, in-8, 2 tom. en 1 vol., d.-rel. (*En allemand.*) — Géographie universelle, par J. Bruns (Asie). *Berlin,* 1805, in-8, cart. (*En allemand.*)

979. Manuel de géographie moderne, par Fabri. *Halle,* 1805, in-8, 2 tom. en 1 vol., d.-rel. (*En allemand.*) — Abrégé de géographie, par Pauli. *Berlin,* 1805, in-8, v. rac., fil. (*En allemand.*)

980. Élémens de géographie, par Cannabich. *Erfurt,* 1821,

in-8, br. *(En allemand.)* — Traité de géographie, par Cannabich; 2ᵉ édition. *Sondershausen*, 1817, in-8, v. gr., fil. *(En allemand)*

981. Nouvel abrégé de géographie, par L. Lallemand. *Paris, Desray*, 1821, in-8, cartes, cart. à la Bradel. — Géographie universelle, par E. Cortambert. *Paris*, 1826, in-8, cart. à la Bradel.

982. Traité élémentaire de géographie, par Malte-Brun. *Paris, A. André*, 1830, in-8, 2 vol., br , et atlas dressé par M. Poirson et revu par M. Huot, in-4, br. — Cinq cartes complémentaires pour servir à l'atlas de Malte-Brun. *Paris, A. André*, 1829, in-fol., br.

983. Civitates orbis terrarum, auctore Georg. Braunio. *Coloniæ-Agripp.*, 1612, in-fol., fig. color., 4 vol., mar. r., fil., tr. dor.

Exemplaire qui a appartenu à Louis XIII.

984. Civitatum aliquot insigniorum, et locorum magis munitorum exacta delineatio. *Venetiis*, 1568. ═ Isole che son da Venetia nella Dalmatia et per tutto l'Arcipelago, fine a Constantinopoli, con le loro fortezze e con le terre piu notabili di Dalmatia. *In Vinegia*, 1573, in-fol., cart., fig., d.-rel.

985. Atlas geographicus delineat. a P. Bertio. *Lutetiæ-Paris.*, 1628, in-4 oblong, d.-rel.

986. Cartes géographiques des quatre parties du monde, et principalement de la France divisée par provinces. 1646, in-fol., v. br. — Cartes et tables géographiques, par Sanson. *Paris*, 1651, in-fol., bas. — Géographie de Sanson. *Paris*, s. d., in-4, cartes, v. br.

987. Atlas nouveau, contenant toutes les parties du monde, par Sanson. *Amst., P. Mortier*, et *Paris, H. Jaillot*, 1696, tr. gr. in-fol., fig. color., 2 vol., vél.

988. Nouvel atlas élémentaire pour l'étude de la géographie, par Desnos. *Paris*, 1768, in-fol., v. m.

989. Atlas élémentaire. *Berlin, s. d.*, in-fol., d.-rel. *(En allemand.)*

990. Sur les états modernes de l'Europe, par d'Anville, trad. en allemand. *Nurenberg*, 1796, in-8, v. rac., fil.

991. Variorum in Europa itinerum deliciæ, seu, ex variis manuscriptis selectiora tantum inscription. maxime recentium monumenta, a Nath. Chytræo. 1599, pet. in-8, v. gr., fil.

992. Nuova geografia dell' Europa, opera del Boccolari. *In Pavia*, 1799, in-12, v. gr., fil.

993. Atlas portatif et itinéraire de l'Europe. *Paris, H. Langlois*, 1807, gr. in-8, cart., 5 cartes.

994. Traité de la géographie militaire de l'Europe, par Hahnzog. *Magdebourg*, 1820, in-8, 2 vol., v. f., fil. *(En allem.)* — Géographie militaire de l'Europe, par H. G. Hommeyer. *Kœnigsberg*, 1810, in-12, cart., d.-rel., dos de v. *(En allemand.)*

995. Cartes géographiques de la France par évêchés, et de l'Allemagne, par Sanson. *Paris*, 1785 et suiv., in-fol., max., mar. r., dent., tr. dor. *Aux armes.*

996. Un volume in-fol., v. br., contenant 13 cartes géographiques coloriées, manuscrites, représentant le diocèse de Strasbourg divisé par archiprêtrés. 1720.

997. La république française en 84 départemens ; Dictionnaire géographique et méthodique. *Paris*, 1795, in-8, cart. col., d.-rel., dos de v. — Atlas de France, divisée en 83 départemens, avec leurs chefs-lieux et ceux des 547 districts. *Paris, Desnos*, 1791, in-4, fig. color., d.-rel. — Description topographique et statistique de la France (par départemens). In-4, d.-rel. *Sans titre.*

998. Dictionnaire hydrographique de la France, par Moithey. *Paris*, 1787, in-8, v. m. — Recueil des fortifications, forts et ports de mer de France. *Paris, s. d.*, in-8, fig., v. m., fil.

999. Dictionnaire géographique des postes aux lettres, par Lecouturier et Chaudonet. *Paris*, an xi, in-8, 5 vol., v. rac., fil.

1000. Atlas portatif à l'usage des voyageurs dans l'Oberland Bernois. *Berne*, 1816, in-8, mar. bl., dent., fers à froid, tr. dor.

1001. Recueil de cartes géographiques et de plusieurs plans des villes des Pays-Bas. Gr. in-fol., rel. en peau.

1002. Géographie de Batavie, par Cluverius. *La Haye*, 1709, in-12, fig., 2 vol., v. br. *(En hollandais.)* — Les XVII provinces où sont les conquestes du roi en Hollande et en Flandres, par P. Duval, géogr. *Paris*, 1672, pet. in-8, cartes, mar. bl., tr. dor.

1003. Theatrum imperii Magnæ Britanniæ, exactam regnorum Angliæ, Scotiæ, Hiberniæ et insularum adjacentium geographiam ob oculos ponens, una cum comitatibus, centu-

riis, urbibus et primariis comitatum oppidis intra regnum
Angliæ, divisis et descriptis, opus Johan. Spedi. *Londini*,
1616, in-fol., fig., vél.

1004. Les routes d'Ogilby par l'Angleterre, en 101 cartes,
par Senex, trad. de l'angl. par Lerouge. *Paris*, 1759, in-4
obl., bas. — A complete system of the commercial geography of England, in English and French, by Dom. de Saint-
Quintin. *London*, 1794, in-8, br. en cart.

1005. Dictionnaires statistiq. et topographiq. de : la Souabe.
Ulm, 1771, 2 vol. — De la Bavière. *Ulm*, 1796, 5 vol. — De
la Haute-Saxe et de la Haute et Basse-Lusace. *Ulm*, 1800-
1803, 6 vol. — De la Franconie. *Ulm*, 1799-1804, 6 vol.
Les 17 vol. in-8, d.-rel. *(En allemand.)*

1006. La Hongrie et le Danube, par le comte de Marsigli, en
51 cartes grav. d'après les dessins de l'auteur, avec une pré-
face par Bruzen de la Martinière. *La Haye*, 1741, gr. in-fol.,
v. m.

1007. Fondemens des cartes du Cattégat et de la Baltique.
Paris, an II, in-4, pap. de Holl., v. rac., fil.

1008. Plan de la ville de Saint-Pétersbourg, avec ses principales vues; en russe et en français. *Saint-Pétersbourg*, 1753,
gr. in-fol., fig., v. m.

1009. Géographie de l'Asie (continuation de Busching), par
Ebeling. *Hambourg*, 1792, in-8, v. gr., fil. *(En allemand.)*
— Géographie des Indes orientales, par Wahl. *Hambourg*,
1803, in-8, 2 vol., v. gr., fil. *(En allemand.)*

1010. Géographie et histoire de l'Afrique, par Hartmann.
(1er vol. contenant le pachalick de l'Égypte.) *Hambourg*,
1799, in-8, v. gr., fil. *(En allemand.)* — L'Afrique en plusieurs cartes et en divers traités de géographie et d'histoire,
par N. Sanson. *Paris*, 1656, in-4, v. m.

1011. Géographie et histoire d'Amérique, par Ebeling. *Hambourg*, 1800, in-8, 7 part. en 6 vol., v. gr., fil. *(En allemand.)*

Le tome 5e, cart., est incomplet.

1012. Le Portulan de la mer Méditerranée, ou le guide des
pilotes côtiers, par le capitaine N. F. E. D. P. *Manuscrit*
in-fol., v. m.

1013. Cartes géographiques de la Méditerranée, par Michelot.
Gr. in-fol., bas.

1014. Atlante maritimo delle Due Sicilie, da D. Gio. Ant. Rizzi
Zannoni. 1792, tr. gr. in-fol., d.-rel. (Parte prima.) —

Description and plans of the maritime towns of France.
In-4, obl., v. rac. (Tome 2.)

1015. The North-American pilot. == The North-American
atlas. == The west India atlas, these three parts being a
collection of charts and plans drawn from original surveys;
taken by J. Cook, Mich. Lane, etc., and chiefly engraved
by Th. Jefferys. *London*, 1727, gr. in-fol., 3 part. en 1 vol.,
v. m., fil.

III. VOYAGES.

1016. Histoire générale des voyages (par l'abbé Prevost). *Paris*, 1749-89, avec la suite, in-12. Tom. 4, 5 et 19 à 80
inclus; le reste manque.

1017. The new universal traveller containing a full and dis-
tinct account of all the empires, kingdoms, and states in
the known world, by J. Carver. *London*, 1779, in-fol.,
fig., v. gr., fil.

1018. Abrégé de l'histoire générale des voyages, par J. F.
La Harpe. *Paris*, E. *Ledoux*, 1820, in-8, 24 vol., v. vert.,
fil., dos à nerfs, et atlas in-fol., d.-rel.

1019. Abrégé des voyages modernes depuis 1780 jusqu'à nos
jours, par M. Eyriès. *Paris*, *Ledoux*, 1822, in-8, 14 vol.,
v. vert, fil., dos à nerfs.

1020. Histoire générale des voyages, mise en ordre et com-
plétée jusqu'à nos jours par M. Walckenaer. (Afrique.) *Paris*, *Lefèvre*, 1826, in-8, pap. vél., 20 vol., br.

1021. Voyages de Richard Pockocke, trad. de l'anglais. *Paris*,
1772, in-12, 7 vol., v. m.

1022. Journal du voyage à Siam fait en 1685 et en 1686,
par l'abbé de Choisy. *Paris*, 1687, in-12, v. br. — Voyage
à la Chine, par J. C. Hüttner, trad. de l'allem. *Paris*, an VII,
in-18, v. rac. — Voyage pittoresque de l'Inde fait dans les
années 1780-1785, par Will. Hodges, trad. de l'anglais,
avec des notes, par L. Langlès. *Paris*, 1805, in-18, 2 tom.
en 1 vol., v. rac., fil. — Voyages du lieutenant Henri Tim-
berlake, trad. de l'angl. par Billecocq. *Paris*, an V, in-18,
pap. vél., v. rac., fil.

1023. Voyage de Levaillant dans l'intérieur de l'Afrique par le
cap de Bonne-Espérance dans les années 1780 à 1785. *Paris*,
1790, in-8, fig., 2 vol., v. rac., fil.

1024. Voyage aux sources du Nil, en Nubie et en Abyssinie, pendant les années 1768-69-70-71 et 1772, par James Bruce; trad. de l'anglais par Castéra. *Paris*, 1790, in-4, 5 vol. et atlas. Les 6 vol., v. vert, dent., fers à froid.

1025. Voyages aux côtes de Guinée et en Amérique, par N***. *Amsterd.*, 1719, in-12, v. f. — Nouveau voyage vers le septentrion. *Amsterd.*, 1708, in-12, fig., v. br. — Relation d'un voyage du pôle arctique au pôle antarctique par le centre du monde. *Paris*, 1725, in-12, fig., v. br.

1026. Novus orbis, id es navigationes primæ in Americam, quibus adjunximus Gasp. Varrerii discursum super Ophyra regione. *Roterod.*, 1696, pet. in-8, parch.

1026 *bis.* Nouvelle découverte d'un très grand pays situé dans l'Amérique, entre le nouveau Mexique et la Mer glaciale, par le R. P. Louis Hennepin. *Amsterd.*, 1698, in-12, fig., v. br.

1027. Voyages dans l'Amérique méridionale, par D. Félix de Azara, depuis 1781 jusqu'en 1801, publ. par M. Walckenaer, avec des notes de Cuvier. *Paris, Dentu*, 1809, in-8, pap. vél., 4 vol., en feuilles.

1028. Viaggi di Francesco Petrarcha in Francia, in Germania ed in Italia, descritti da Ambr. Levati. *Milano*, 1820, in-8, 5 tom. en 3 vol., v. f., fil. *Simier fils.*

1029. Viàgé del rey Felipe IV, el grande, a la frontera de Francia, por mano del senor D. Pedro Fernandez del Campo y Angullo. *En Madrid, en la impr. Real*, 1667, pet. in-4, fig., d.-rel., dos de v.

1030. Voyage dans la Vendée et dans le midi de la France, par E. Genoude. *Paris*, 1821, in-8, v. porph., dent. *Simier fils.*

1031. Voyage dans une partie de la France, par le comte Orloff. *Paris, Bossange*, 1824, in-8, 3 vol., v. f., dent., fers à froid. *Bibolet.*

1032. Relation d'un voyage à Bruxelles et à Coblentz (1791) (par Louis XVIII). *Paris, Baudouin*, 1823, in-8, mar. vert., fil à comp., non rog. *Thouvenin.*
Imprimé sur papier rose.

1033. Journal du voyage de Michel Montaigne en Italie, en 1580 et 1581, avec des notes par de Querlon. *Paris*, 1775, pet. in-2, 3 vol., bas. — Viaggi del cav. Carlo Patini, trad. dal francese per Ant. Bulifon. *Venetia*, 1685, pet. in-12, fig., v. br.

IV. CHRONOLOGIE, HISTOIRE UNIVERSELLE.— HISTOIRE DES RELIGIONS.

1034. Tables chronologiques pour servir à l'histoire universelle, par Lenglet Dufresnoy. = Réunion de cartes géographiques, la plupart pour servir à l'histoire ancienne et romaine de Rollin; tr. gr. in-fol., v. m.

1035. Les fastes universels, par Buret de Longchamps. *Paris,
Dondey-Dupré*, 1821, gr. in-fol. obl., d.-rel., dos de v.

1036. Herodoti Halicarnassei historiæ a Laur. Valla tralatæ
Parisiis, pro Joan. Parvo, 1510, in-8, v. gr., fil.

1037. Histoire universelle de Diodore de Sicile, trad. par
l'abbé Terrasson. *Paris*, 1737, in-12, 7 vol., v. m.

1038. Justini historiæ Philippicæ cum comment. varior., curante Abrah. Gronovio. *Lugd.-Batav.*, 1760, in-8, vél.

1039. Discours sur l'histoire universelle, par Bossuet. *Paris*,
1681, in-4, v. br., fil.

1040. Discours sur l'histoire universelle, par Bossuet. *Paris*,
1682, in-12, 2 part. en 1 vol., mar. rou., fil., tr. dor.

1041. Histoire universelle, par Muller. *Tubingen*, 1817, in-8,
3 vol., v. jasp., dent. *(En allemand.)* Bibolet.

1042. Histoire des hommes, par Villaume; 2e édit. *Leipsig*,
1788, in-8, v. f., fil. *(En allemand.)*

1043. Fastes juifs, romains et françois (par Mailly). *Dijon*,
1798, in-8, 2 vol., bas. m.

1044. Réflexions critiques sur les histoires des anciens peuples, par Fourmont. *Paris*, 1735, in-4, 2 vol., bas. m.

1045. Résumé de l'histoire des traditions morales et religieuses chez les divers peuples, par M. de S*** (Senancour). *Paris*, 1825, in-18, br. — Libres méditations d'un solitaire
inconnu sur divers objets de la morale religieuse, publ. par
M. de Senancour. *Paris*, 1830, in-18, br.

1046. L'origine des dieux du Paganisme, suivie des poésies
d'Hésiode, par Bergier. *Paris*, 1767, in-12, 2 vol., v. m.

1047. Mythologie des dames, par Mme Brès. *Paris*, *L. Janet*,
in-18, pap. vél., fig. color., mar. r., dent., fers à fr., tr.
dor.

1048. Religions de la Grèce, ou recherches sur l'origine, les
attributs et le culte des principales divinités helléniques, par
Rolle. *Châtillon-sur-Seine*, 1828, in-8, br. (T. 1er, seul pub.)

— Recherches sur le culte de Bacchus, par Rolle. *Paris*, *Merlin*, 1824, in-8, pap. vél., 3 vol., v. f., dent. *Bibolet*.

1049. Thesaurus ecclesiasticæ antiquitatis et sacræ ac profanæ eruditionis, à Joan. Bollando. *Venetiis*, 1749-51, in-fol., fig., 3 vol., d.-rel., dos de mar. café, non rog.

1050. Historiæ ecclesiasticæ centuriæ quinque, ab Augusti nativitate, ad imper. Valentinianum III, auct. Jac. Capello. *Sedani*, 1622, in-4, d.-rel., dos de v.

1051. Relazione della republica stabilita da' Gesuiti nel Domini oltramarini del Portogallo et della Spagna. *Lisboa*, 1758. == Breve di Benedetto XIV, e decreti di S. M. Fideliss. sopra li schiavi. *Lisboa*, 1755. == Sposizione delle notizie anecdote della condotta de' PP. Gesuiti nel Paraguay, e nel Portogallo. *Barcellonna*, 1759, pet. in-8, vél. —Anecdotes jésuitiques ou le Philotanus moderne (par Cl. Fr. Lambert). *La Haye*, 1740, pet. in-12, 5 vol., v. f.

1052. Histoire des chevaliers hospitaliers de S. Jean de Jérusalem, appelés aujourd'hui chevaliers de Malte, par l'abbé de Vertot. *Paris*, 1726, in-4, fig., 4 vol., v. m. *Piqué*.

1053. Monumens des grands-maîtres de l'ordre de S. Jean de Jérusalem, ou vues des tombeaux élevés à Jérusalem, à Ptolemaïs, à Rhodes, à Malte, etc.; accompagnés de notices historiques publ. par le vicomte de Villeneuve-Bargemont. *Paris*, *Blaise*, 1829, in-8, gr. pap. vél., fig., 2 vol., br.

1054. Histoire des ordres royaux, hospitaliers et militaires de N.-D. du Mont-Carmel et de S. Lazare de Jérusalem, par Gautier de Sibert. *Paris*, *I. R.*, 1772, gr. in-4, fig., v. éc., fil., tr. dor.

1055. Histoire des sectes religieuses, par Grégoire. *Paris*, 1814, in-8, 2 vol., d.-rel. — Histoire du mariage des prêtres en France, particulièrement depuis 1789, par Grégoire. *Paris*, *Baudouin*, 1826, in-8, br. — Histoire abrégée de l'inquisition religieuse en France, par le comte de Lanjuinais. *Paris*, 1821, in-8, d.-rel.

1056. The missionary register containing the principal transactions, of the various institutions for propagating the Gospel, etc. *London*, 1816, to 1825, in-8, fig., 8 vol., d.-rel., dos de v., et 12 livr. br.

1057. A retrospect of the first ten years of the protestant mission to China, accompanied with miscellaneous remarks on the literature, history, and mythology of China, etc., by Will. Milne. *Malacca*, 1820, in-8, cart.

1058. Des effets de la religion de Mohammed pend. les 3
prem. siècles de sa fondation, sur l'esprit, les mœurs et le
gouvernement des peuples chez lesquels cette religion s'est
établie, par Oelsner. *Paris, Schœll,* 1810, in-8, d.-rel.,
dos de v.

V. HISTOIRE ANCIENNE.

§ Ier. HISTOIRE DES JUIFS, DES GRECS, etc. — HISTOIRE ROMAINE.

1059. Manuel de l'histoire ancienne, par Aug. Remer. *Brunswick,* 1802, in-8, d.-rel. *(En allem.)* — Sur les colonies
grecques, depuis Alexandre-le-Grand, par Hegewisch. *Altona,*
1811, in-8, br. *(En allem.)*

1060. Egesippus, de bello judaico, sceptri sublatione, Judæorum dispersione et Hierosolymitano excidio. *Brixiæ,* 1500,
pet. in-fol., vél.

1061. Pausanias (græcè). *Venetiis, in ædib. Aldi,* 1516, in-fol.,
bas. m.

+1062. Pausanias ou Voyage historique de la Grèce, trad. par
Gedoyn. *Paris,* 1731, in-4, fig., 2 vol., v. m.

1063. L'Histoire de Thucydide de la guerre du Péloponèse
(trad. par Perrot d'Ablancourt). *Paris,* 1714, in-12, 3 vol.,
v. br.

1064. Histoire de Thucidide, trad. du grec, par P. Ch. Levesque. *Paris,* 1795, in-8, 4 vol., bas. m., fil.

+1065. Essays on the institutions, government, and manners
of the states of ancient Greece, by Henri Dav. Hill. *London, Baldwin,* 1819, in-12, v. f., fil. *Simier.*—Républiques
de Sparte et d'Athènes, trad. de Xénophon, par Gail. *Paris,*
s. d., in-18, v. f., dent., tr. dor.

1066. Lettres athéniennes, trad. de l'angl., par Al. L. Ville-
terque. *Paris, Dentu,* 1803, in-8, fig., 3 vol., v. rac., fil.

+ 1067. Arriano di Nicomedia chiamato nuovo Xenofonte dei
fatti del magno Alessandro re di Macedonia, nuovam. di
greco trad. in italiano per P. L. Modonese. *In Verona,*
1730, in-4, vél.

1068. Q. Curtii historiæ Alexandri magni de accur. Nic. Blan-
cardi. *Lugd-Bat.,* 1649, in-8, v. f., fil.

+ 1069. Q. Curtii historiarum libri. *Amstel., ex off. Elzev.,*
1670, pet. in-12, v. éc., fil.

1070. Q. Curtii de rebus gestis Alexandri magni prœmio et indice rerum instructi à Frid. Schmieder. *Gottingæ*, 1803, in-8, 2 vol., d.-rel.

1071. Xenophontis de Cyri institutione libri VIII, gr. et lat., cum notis varior. edid. Th. Hutchinson. *Londini*, 1808, in-8, v. rac.

+1072. Chronologie des rois du grand empire des Égyptiens, par d'Origny. *Paris*, 1765, in-12, 4 vol., v. m.

1073. Considérations sur les causes de la grandeur des Romains et de leur décadence, par Montesquieu. *Paris, A. A. Renouard*, 1795, in-8, pap. vél., 2 tom. en 1 vol., v. rac., fil. — Réflexions sur les divers génies du peuple romain dans les divers temps de la république, par Saint-Evremond. *Paris, Renouard*, 1765, in-8, pap. vél., v. gr., fil.

1074. Histoire des révolutions romaines, par Vertot. *Paris, A. A. Renouard*, 1796, in-8, pap. vél., 4 vol., v. f., fil., dos à nerfs. *Simier.*

1075. Eutropii Historia romana, ex diversorum authorum monumentis collecta, Pauli Diaconi de gestis Longobardorum libri VI. *Basileæ*, 1552, in-fol., vél.

1076. Eutropii historiæ romanæ epitome, Sexti Rufi breviarium. *Parisiis, Renouard*, 1796, in-18, pap. vél., v. f., dent., tr. dor. — C. C. Sallustii Catilina. — Jugurtha. *Parisiis, Renouard*, 1795, in-18, pap. vél., 2 tom. en 1 vol., v. f., dent., tr. dor.—C. Corn. Taciti de moribus Germanorum libellus, Julii Agricolæ vita. *Parisiis, Renouard*, 1795, in-18, pap. vél., v. f., dent., tr. dor.

1077. Epitoma decadum XLIV Titi Livii patavini historici in CXL libros distinctum. *Mediolani, Uld. Sinzenzeler*, 1495, in-fol., v. rac., fil.

1078. T. Livii historiarum libri, qui supersunt, omnes cum notis varior., curante Arn. Drakenborch, acced. supplementa deperditorum T. Livii librorum, à J. Freinshemio concinnata. *Lugd-Batav.*, 1738, in-4, 7 vol., v. br.

1079. Florus, cum notis Salmasii et varior. *Amstelod., ex off. Elzev.*, 1660, in-8, vél. — C. Crisp. Sallustii quæ exstant cura Jo. Jac. Hottingeri. *Turici*, 1778, in-8, br. en cart.

1080. L. Ann. Flori epitome rerum Romanorum, cum notis varior., edid. Car. And. Dukerus. *Lugd.-Batav.*, 1722, in-8, vél.

1081. Epitome de l'histoire romaine, fait en 4 livres par L. Ann. Florus et mis en françois sur les traductions de Mon-

sieur, frère du roi (par La Mothe Le Vayer). *Paris*, 1656,
in-8, v. br. — Obras de C. Velleio Paterculo traducidas por
Emm. Sueyro. *En Anvers*, 1630, pet. in-8, v. gr., fil. —
L'histoire de Salluste, trad. par Beauzée. *Paris*, an III,
in-12, bas. gr.

1082. M. Velleius Paterculus, cum notis Ger. Vossii. *Lugd.-
Batav., ex off. Elzev.*, 1654, pet. in-12, v. f., ant.

1083. Idem, cum notis var., curante P. Burmanno. *Rotter-
dami*, 1756, in-8, v. rac.

1084. C. Sallustius, cum veterum hictoricorum fragmentis.
Lugd.-Batav., ex off. Elzev., 1634, pet. in-12, mar. r.,
tr. dor., réglé.

1085. C. Crisp. Sallustii quæ exstant, cum notis varior.; accedunt Julius Exsuperantius et Porcius Latro ut et fragmenta
historicorum cum notis, curâ Sigeb. Havercampi. *Amst.*,
1742, in-4, 2 vol., vél.

1086. C. Crisp. Sallustii belli Catilinarii et Jugurthini historiæ. *Edinburgi*, 1755, in-12, v. f., fil., tr. dor.

1087. C. Crisp. Sallustius et L. Ann. Florus. *Birminghamiæ*,
J. *Baskerville*, 1774, in-12, bas. gr., fil.

1088. Commentarius Cæsaris. *Venetiis*, 1494, pet. in-fol.,
vél.

1089. Cesaris commentarii. *Venetiis, Aldus*, 1519, pet. in-8,
v. ant., tr. dor., réglé

1090. C. J. Cæsaris quæ extant, cum commentariis varior.
et recensione Mar. Zuerii Boxhornii. *Lugd.-Batav., in off.
Elzev.*, 1635, in-fol., fig. en bois, vél.

1091. C- J. Cæsaris quæ exstant, cum varior. comment. operâ
et studio Arn. Montani, acced. Galliæ et notæ auctiores Jos.
Scaligeri. *Amstelod., ex off. Elzev.*, 1661, in-8, fig., mar.
rou, fil., tr. dor.

1092. C. Jul. Cæsaris quæ extant omnia cum animadvers. D.
Vossii, J. Davisii aliorumque variis notis, ut et qui voca-
tur Jul. Celsus de vita et rebus gestis C. J. Cæsaris ex museo J. G. Grævii. *Lugd.-Batav.*, 1713, in-8, fig., vél.

1093. C. Jul. Cæsaris de bellis Gallico et civili Pompeiano nec
non A. Hirtii, aliorumque de bellis Alexandrino, Africano
et Hispaniensi commentarii, cum notis varior., curâ et studio Fr. Oudendorpii. *Lugd-Batav.*, 1737, in-4, vél.

1094. C. Jul. Cæsaris et alior. de bellis Gallico civili Pompeiano, Alexandrino, Africano et Hispaniensi commentarii
juxta edit. Oudendorpii. *Oxoniæ*, 1780, in-8, v. gr., fil.

1095. C. Jul. Cæsaris opera omnia. *Londini, M. Ritchie,* 1790, in-8, cartes, 2 vol., v. gr., fil.

1096. C. Jul. Cæsaris commentarii de bello Gallico et civili, acced. libri de bello Alexandrino, Africano et Hispaniensi, è recens. Fr. Oudendorpii, post Cellarium et Morum denuò curavit Jer. Jac. Oberlinus. *Lipsiæ,* 1805, in-8, v. gr., fil.

1097. Les commentaires de César, trad. par Perrot d'Ablancourt, edition augm. de notes histor. et géogr. *Amsterd., Arkstée,* 1763, in-12, fig., 2 vol., v. m.

1098. Les commentaires de César. trad. par Toulongeon. *Paris,* 1813, in-18, 2 vol., d.-rel.

1099. I commentari di C. Giulio Cesare, fatti da And. Palladio. *In Venetia,* 1598, in-4, fig., v. gr., fil.

1100. C. Jul. Cæsaris quæ exstant omnia, Italicâ versione, auxit Hermolaus Albritius. *Venetiis,* 1757, in-4, fig., bas.

1101. C. Suetonius tranq., ex recensione Fr. Oudendorpii qui adnimadvers. adjecit, intermixtis J. G. Grævii et J. Gronovii, nec non ineditis C. And. Dukeri adnotation. *Lugd.-Batav.,* 1751, in-8, fig., vél.

1102. C. Suetonii Tranq. opera, cum Jo. Aug. Ernestii animadv. et Is. Casauboni commentar. edid. Fr. Aug. Wolfius. *Lipsiæ,* 1802, in-8, 4 vol., v. rac., fil.

1103. Les douze Césars, trad. du lat. de Suétone, avec des notes par de La Harpe. *Paris,* 1770, in-8, 2 vol., v. m.

1104. C. Corn. Tacitus ex J. Lipsii edit., cum notis A. Grotii. *Lugd.-Batav., ex off. Elzev.,* 1640, pet. in-12, 2 vol., v. f., fil., tr. dor. *Derome.*

1105. C. Corn. Taciti opera, recognovit, emendavit, supplementis explevit, notis et dissertationibus illustr. Gab. Brotier. *Parisiis, Delatour,* 1771, in-4, 4 vol., v. gr., fil., tr. dor.

1106. Eadem ex eadem editione. *Parisiis,* 1776, in-12, 7 vol., v. m.

1107. Taciti opera. *Parisiis, Panckoucke,* 1826, **gr.** in-fol., pap. vél., 4 vol., cart., n. rog.

1108. Traduction compl. des œuvres de Tacite, par Dotteville. *Paris,* 1788, in-12, 7 vol., v. m.

1109. Œuvres de Tacite, trad. par Panckoucke. *Paris,* 1830, in-8, pap. vél., 6 vol., d.-rel. *Thouvenin.*

1110. Opere di G. Corn. Tacito illustr., con notabiliss. aforismi di D. Baldassar Alamovarienti trasportati della lingua castigliana nella toscana, da D. Girol. Canini d'Angliari. *In Venetia, Giunti,* 1662, in-4, v. gr., fil.

1111. Herodiani historiarum libri VIII, græcè, ex recensione F. Aug. Wolfii. *Halis*, 1792, pet. in-8, v. gr., fil.

1112. Godef. de Peschwitz familia Cæsarum Augusta, cum commentar. *Ienæ*, 1662, pet. in-12, mar. v., fil., tr. dor.

1113. Notitia dignitatum utriusque imperii Orientis scilicet et Occidentis ultra Arcadii Honoriique tempora et in eam G. Panciroli commentarium, et ejusdem de magistratibus municipalibus, rebusque bellicis, et tam novæ, quam veteris Romæ libellus. *Genevæ*, 1623, in-fol., fig., rel. en peau.

§ II. ARCHÉOLOGIE.

1114. Dion. Halicarnassei originum sive antiquitatum Romanorum lat. vers. 1480, in-fol., vél.

1115. Collection archéologique (pièces imprimées et figures extraites de plusieurs milliers de volumes et rangées dans un ordre savant) formée par l'abbé de Tersan, et réunie en 19 cartons in-fol.

1er Carton. Légions romaines.

2e — Iconographie des hommes illustres, des rois de Syrie, d'Alexandre, etc.

3e — Iconographie des familles descendues des dieux et des hommes illustres.

4e — Iconographie des empereurs romains Théodose, Justin, Honorius. — Médailles de la Sainte-Chapelle.

5e — Iconographie des empereurs romains Antonin, Caracalla, etc.

6e — Iconographie. — Familles romaines. — Origine de Rome. — Auguste.

7e — Iconographie de Trajan. — Colonne Trajane. — Port d'Ostie.

8e — Iconographie des dieux. — Culte de Mithra. — Culte de Bacchus.

9e — Histoire des empereurs. — Les Antonins, Marc-Aurèle, Commode. — Colonne Antonine.

10e — Iconographie des empereurs. — Auguste et les Césars jusqu'à Domitien. — Monnaies et poids et mesures de liquides.

11e — Jeux des Grecs. — Monumens iliaques. — Portrait d'Homère de Townley. — Iconographie des dieux. — Culte de Diane.

12e — Médailles grecques. — Dissertation de Guasco sur l'autonomie des peuples.

13e — Monumens funéraires.

14e — Cirques et théâtres.

15e — Mythologie. — Représentation des dieux.

16e — Mythologie. *Id.*

17e — Iconographie des empereurs romains Gordien, Sévère, Héliogabale.

18e — Iconographie des empereurs romains.

19e — Iconographie des empereurs romains.

1116. Funérailles et diverses manières d'ensevelir des Ro-

mains, Grecs et autres nations, par Cl. Guichard. *Lyon,
de Tournes*, 1581, pet. in-4, v. br., fil.

4117. Catalogue d'antiquités égyptiennes, grecques et romaines de la collection de feu Léon Dufourny, par Dubois.
Paris, 1819, in-8, d.-rel.

4118. Munumens arabes, persans et turcs, du cabinet du duc
de Blacas et d'autres cabinets, considérés et décrits d'après
leurs rapports avec les croyances, les mœurs et l'histoire
des nations musulmanes, par M. Raynaud. *Paris, I. R.*,
1828, in-8, fig., 2 vol., br.

4119. Globus cælestis cufico-arabicus veliterni musei Borgiani, à Simone Assemano illustratus præmissa ejusdem de
Arabum astronomia dissertatione et adjectis duabus epistolis
Cl. Jos. Toaldi. *Patavii*, 1790, in-4, gr. pap., fig., bas.
gr., fil.

4120. Les illustres observations antiques du seign. Gab. Syméon Florentin. *Lyon, J. de Tournes*, 1558. == Illustra-
tione de gli epitaphi et medaglie antiche di Gab. Symeoni.
In Lione, 1558. == Le sententiose imprese, et dialogo del
Symeone. *In Lione*, 1560. == Dialogo pio et speculativo di
Gab. Symeoni. *In Lione*, 1560. == Description de la Li-
magne d'Auvergne en forme de dialogue, trad. de l'ital. de
G. Syméon par Ant. Chappuys. *Lyon*, 1561, in-4., fig.,
v. m.

4121. Ethruscarum antiquitatum fragmenta, à Curtio Inghi-
ramio reperta. *Francofurti*, 1637, gr. in-4, fig., bas.

4122. Jani Gruteri corpus inscriptionum, ex recensione et
cum annotat. Joan. Geor. Grævii. *Amstelod.*, 1707, in-fol.,
fig., 4 vol., v. br.

4123. Antiquæ inscriptiones quam græcæ, tum latinæ olim
à Marquardo Gudio collectæ; nuper à Joan. Koolio digestæ
hortatu consilioque J. G. Grævii; nunc à Fr. Hedelio editæ,
cum annotat. eorum. *Leovardiæ*, 1751, in-fol., d.-rel.,
non rog.

4124. Novus thesaurus veterum inscriptionum collectore Lud.
Ant. Muratorio. *Mediolani*, 1739, in-fol., fig., 4 vol.,
bas. m.

4125. Alexii Symmachi Mazochii commentaria in regii Hercu-
lanensis musei æneas tabulas heracleenses. *Neapoli*, 1754,
in-fol., fig., bas.

4126. Museum Veronense, hoc est antiquarum inscriptionum
atque anaglyphorum collectio, cui Taurinensis adjiciuntur

et Vindebonensis; acced. monumenta id genus plurima nondum vulgata, et ubicumque collecta. *Veronæ*, 1749, in-fol., fig., cart. à la Brad., n. rog.

1127. Histoire de l'art de l'antiquité, par Winkelmann, trad. de l'all. par Hubert. *Leipsic*, 1781, in-4, 5 vol., v. m.

1128. Histoire de l'art chez les anciens, par Winkelman, trad. de l'allem., avec des notes. *Paris*, 1790, in-4, fig., br. en cart.

1129. Monumens antiques ou inédits, nouvellement expliqués par A. L. Millin. *Paris*, 1802, in-4, fig., 2 vol., le t. 1er v. rac., fil., le t. 2 (incomplet du titre) d.-rel., dos de v.

1130. Vestigi delle antichita di Roma, Tivoli, Pozzuolo et altri luochi . *Stamp. in Praga da Agidio Sadeler*, 1606, in-fol. obl., fig., mar rou., fil., tr. dor.

1131. Description d'une mosaïque antique du musée Pio-Clementin à Rome, représentant des scènes de tragédies, par A. L. Millin. *Paris, P. D. a.*, 1824, in-fol. fig. col., cart.

1132. Roma subterranea novissima, operâ ac studio Pauli Aringhi. *Romæ*, 1651, in-fol., fig., 2 vol., bas.

1133. Indicazione antiquaria per la Villa suburbana della casa Albani. *In Roma*, 1785, in-8, d.-rel.

1134. Antiquités de la France, par Clérisseau. Première partie, antiquités de Nismes. *Paris*, 1778, in-fol. max., fig., d.-rel., n. rog.

1135. Descriptions des monumens des différens âges observés dans le département de la Haute-Vienne, avec un précis des annales de ce pays, par Allou. *Limoges*, 1821, in-4, br.

1136. Description historique et chronologique des monumens de sculpture réunis au musée des monumens français, par Alex. Lenoir. *Paris*, an VIII, in-8, d.-rel. — Musée des monumens français, ou Description histor. et chronol. des statues, bas-reliefs et tombeaux des hommes et femmes célèbres, etc., par Alex. Lenoir. *Paris*, an IX, in-8, fig., 8 vol., v. rac., fil.

1137. Picturesque antiquities of Scotland, etched by Ad. de Cardonnel. *London*, 1788, in-8, fig., d.-rel., dos de v.

1138. Deux boîtes en bois renfermant les empreintes en soufre rouge des plus belles pierres gravées antiques au nombre de 12 à 1400.

1139. Recueil de pierres gravées antiques. *Paris, Mariette*, 1732, in-4, fig., v. f.

1140. Lettre sur le prétendu Solon des pierres gravées. — Explication d'une médaille d'or de la famille Cornuficia. *Paris*, 1717. == Réflexions sur les deux plus anciennes médailles d'or romaines qui se trouvent dans le cabinet de S. A. R. Madame. *Paris*, 1720, in-4, fig., v. br.

1141. Jos. Scaligeri de re numismatica dissertatio. *Ex offic. Plant.*, 1616. == Wilebrordi Snellii de re nummaria liber singularis. *Ex off. Plant.*, 1613, in-8, mar. r., fil., tr. dor. — Specimen universæ rei nummariæ antiquæ quod literatorum reipublicæ proponit Andr. Morellinus. *Parisiis*, 1683, in-8, fig., v. br.

1142. Histoire de la monnaie, depuis le temps de la plus haute antiquité jusqu'au règne de Charlemagne, par le marquis Garnier. *Paris, Agasse*, 1819, in-8, 2 tom. en 1 vol., v. f. *Simier fils*.

1143. Sicilia et magna Græcia, sive historiæ urbium et populorum Græciæ ex antiquis numismatibus liber primus, Hub. Goltzio auctore et scalptore. *Antuerpiæ*, 1617, in-fol., fig., v. br., fil. — Ludov. Nonni commentarius in Hub. Goltzii Græciam, Insulas et Asiam minorem. *Antuerpiæ, Plantin.* 1644, in-fol., v. br.

1144. Familiæ romanæ in antiquis numismatibus; Car. Patin restituit, recognovit, auxit. *Parisiis*, 1663, in-fol., fig., v. br.

1145. Numismata imperatorum romanorum, à Julio Cæsare ad tyrannos usquè, per Joan. Vaillant. *Lutetiæ-Parisior.*, 1696, in-4, fig., 2 vol., v. br.

1146. Numismata ærea imperatorum, Augustarum et Cæsarum, in coloniis, municipiis et urbibus jure latio donatis, auctore J. Foy. Vaillant. *Parisiis*, 1697, in-fol., fig., bas.

1147. Selectiora numismata in ære maximi moduli, è museo D. Fr. Camps, concisis interpret. per D. Vaillant illustrata. *Parisiis*, 1695, fig. == Seleucidarum imperium, sive historia regum Syriæ ad fid. numismatum accommodata, per J. Foy-Vaillant. *Lutet.-Paris.*, 1681, in-4, fig., bas.

1148. Catalogue des médailles antiques et modernes du cabinet de M. d'Hennery. *Paris, I. de M.*, 1788, in-4, v. f., ant.

1149. Jac. Tollii epistolæ itinerariæ ex recensione et cum notis Henr. Chr. Henninii. *Amstelæd.*, 1700. == Jac. Tollii insignia itinerarii Italici, quibus continentur antiquitates sacræ. *Trajecti ad Rhenum*, 1696, in-4, fig., v. br. — Voyage littéraire de deux religieux bénédictins de la congrégation de S. Maur. *Paris*, 1717, in-4, fig., 2 vol., v. m.

1150. Codices manuscripti bibliothecæ regii Taurinensis Athenæi per linguas digesti et binas in partes distributi, in quar. prima Hebræi et Græci, in altera Latini, Italici et Gallici; recensuer. et animadv. illustr. Jos. Pasinus, Ant. Revautella et Fr. Berta. *Taurini*, 1749, in-fol., fig., 2 vol., vél.

+ 1151. Charta papyracea græcè scripta musei Borgiani Velitris, quâ series incolarum Ptolemaidis Arsinoiticæ in aggeribus et fossis operantium exhibetur, edita à Nic. Schow, cum adnotat. *Romæ*, 1788, in-4, d.-rel., vél.

1152. Jacobi Morellii bibl. D. M. Ven. custodis bibliotheca manuscripta græca et latina. Tomus primus. *Bassani*, 1802, gr. in-8, d.-rel.

VI. HISTOIRE DU MOYEN-AGE.

1153. Manuel de l'histoire du moyen-âge, par Aug. Rœmer. *Brunswick*, 1801, in-8, d.-rel. *(En allem.)* — Tableau des révolutions de l'Europe dans le moyen-âge, par Koch. *Strasbourg*, 1790, in-8, 2 vol., vél.

1154. Discours sur l'influence des croisades, par Lemoine. *Paris*, 1808, in-8, d.-rel. — De l'influence des Croisades sur l'état des peuples de l'Europe, par M. de Choiseul-d'Aillecourt. *Paris*, 1809, in-8, d.-rel., dos de v.

1155. Histoire des Croisades, par Michaud. *Paris, Michaud*, 1813, in-8, 7 vol., v. f., fil.

+ 1156. Histoire des Gaules et conquêtes des Gaulois en Italie, Grèce et Asie, par Ant. de Lestang. *A Bourdeaus*, 1618, in-4, d.-rel.

+ 1157. Historia Gallorum veterum, auct. Ant. Gosselino. *Cadomi*, 1636, in-8, vél.

1158. Histoire des Gaulois, par J. Picot. *Genève*, an XII, in-8, 5 vol., v. rac., fil.

1159. Origines gauloises, celles des plus anciens peuples de l'Europe, puisées dans leur vraie source, par La Tour-d'Auvergne-Corret. *Hambourg*, 1801, in-8, v. gr., fil.

1160. Recherches sur les origines celtiques, principalement sur celles du Bugey, par P. Bacon-Tacon. *Paris, Didot a..* an VI, in-8, fig., 2 vol.; bas., fil.

1161. Celtic researches on the origin, tradition and langage of the ancient Britons with some introductory sketches on

primitive society, by Edw. Davies *London*, 1804, gr. in-8,
v. f., ant. *Simier*.

1162. Glossarium antiquitatum britannicarum, auctore W.
Baxter. *Londini*, 1737, in-8, v. br.

VII. HISTOIRE MODERNE.

§ Ier. HISTOIRE HÉRALDIQUE. — HISTOIRE GÉNÉRALE.

1163. Traité des tournois, joustes, carrousels et autres spec-
tacles publics (par le P. Ménestrier). *Lyon*, 1667, in-4, fig.,
d.-rel.

1164. Tableaux généalogiques, par J. Huebner. *Leipsig*,
1725, in-fol. obl., 3 vol., v. m. *(En allem.)*

1165. Généalogie de la maison de France. *Paris, Moreau*,
1822, in-4, br.

1166. La Catalogne françoise (par Caseneuve). *Tolose*, 1644,
in-4, vél.

1167. Histoire généalogique de la maison d'Auvergne, par
Baluze. *Paris*, 1708, in-fol., fig., 2 vol., v. gr.

1168. Manuel de l'histoire moderne, par Rœmer. *Brunswik*,
1803, in-8, 2 vol., v. rac., fil. *(En allem.)* — Aperçu statistique des États de l'Europe, par G. Hassel. *Weimar*,
1823, in-fol., d.-rel. *(En allem.)*

1169. Tableaux des révolutions de l'Europe, par Koch. *Paris*, 1807, in-8, 5 vol., v. gr., fil.

1170. Tableau des révolutions du système politique de l'Europe, depuis la fin du 15e siècle, par Ancillon. *Paris*,
1806, in-12, 7 tom. en 4 vol., v., fil.

1171. Le grand portefeuille politique, par Beaufort. *Paris*,
1789, gr. in-fol., d.-rel.

1172. Tableau des progrès de la société en Europe, trad. de
l'angl. de Gilbert Stuart. *Paris*, 1789, in-8, 2 vol., bas.,
fil. — Essai de comparaison entre la France et les États-Unis
de l'Amérique septentrionale, par Zimmermann, trad. de
l'all., avec des notes de l'auteur. *Leipsig*, 1797, in-8, v. rac.

1173. Anecdotes du 18e siècle. *Londres*, 1783, in-8, 2 tom.
en 1 vol., v. m. — Les cabinets et les peuples depuis 1815
jusqu'à 1822, par M. Dignon. *Paris*, 1822, in-8, d.-rel.

1174. Annuaire historique universel, par Lesur. *Paris*, années 1818 à 1824, in-8, 7 vol., v. f., fil. *Simier fils.* Années 1826 à 1827, br.

§ II. HISTOIRE DE FRANCE.

1. JUSQU'À LA RÉVOLUTION.

1175. Plan de l'histoire génér. et particul. de la monarchie françoise, par Lenglet Dufresnoy. *Paris*, 1753, in-12, 3 vol., v. m. — Comparaison des deux histoires de Mézeray et du P. Daniel, en deux dissertations, par Dan. Lombard. *Amsterd.*, 1723, in-4, bas., fil.

1176. Histoire de l'origine et des progrès de la monarchie françoise suivant l'ordre des temps, par Guill. Marcel. *Paris*, 1686, pet. in-8, fig., 4 vol., v. br.

+ 1177. Abrégé chronologique de l'histoire de France, par le président Hénault, édit. augmentée de notes par M. Walckenaer. *Paris, Am. Costes*, 1821, in-8, pap. vél., 6 vol., d.-rel., dos de v. à nerfs, non rog. — Histoire critique de l'établissement des Français dans les Gaules, ouvrage inédit du président Hénault. *Paris, Buisson*, 1801, in-8, 2 tom. en 1 vol., d.-rel.

1178. Histoire de France, par Velly, Villaret et Garnier. *Paris*, 1775-1786, in-12, 50 vol., v. m. — Table des matières. *Paris*, an VII, in-12, 5 vol., bas. m.

+ 1179. Variations de la monarchie françoise dans son gouvernement politique, civil et militaire, par Gauthier de Sibert. *Paris*, 1765, in-12, 4 vol., v. m. — Histoire de la réunion de la Bretagne à la France, par l'abbé Irail. *Paris*, 1764, in-12, 2 vol., d.-rel.

1180. Tableau des révolutions de la France, par le baron de Beaujour. *Paris*, 1823, in-8, d.-rel., dos de v. — Lettres sur l'histoire de France, par A. Thierry. *Paris*, 1827, in-8, broché.

1181. Joh. Limnæi notitia regni Franciæ. *Argentorati*, 1655, pet. in-4, 2 vol., v. f.

1182. État de la France, par le comte de Boulainvilliers. *Londres*, 1727, in-fol., 3 vol., v. br.

+ 1483. Gallia christiana, opera et stud. Dion. Sammarthani et alior. *Lutetiæ-Parisiorum*, 1715-1785, in-fol., 13 vol., v. m.

1184. Description historique et géographique de la France, par l'abbé de Longuerue. (*Paris*), 1722, in-fol., v. br.

1185. De la souveraineté du Roy, par J. Savaron. *Paris*, 1620, in-8, v. m. — De sanctis Franciæ cancellariis syntagma historicum, F. Franc. Lanovius recens. et notis substrinxit. *Parisiis*, 1654, in-4, d.-rel. — Histoire du sacre et du couronnement des rois et reines de France, par Alex. Lenoble. *Paris*, 1825, in-8, br.

1186. Anastasis Childerici Francorum regis sive thesaurus sepulchralis Tornaci Nerviorum effossus, et commentario illustratus, auct. Joan. Jac. Chifletio. *Antuerpiæ, ex offic. Plantin.*, 1655, in-4, fig., v. br., fil.

1187. Histoire de Charlemagne, par Gaillard. *Paris*, 1782, in-12, 4 vol., bas. gr.

1188. Histoire et chronique du très-chrestien roy sainct Loys, IX° de nom, escritte par Joinville. *Paris*, 1609, pet. in-12, mar. rou., dent., tr. dor.

1189. Les mémoires de messire Philippe de Commines. 1615, pet. in-12, v. rac., fil. — Histoire de Louis XI, par Duclos. *La Haye*, 1745, in-12, 4 vol., v. m.

1190. Mémoires de Philippe de Commines, augmentés par Den. Godefroy. *Bruxelles*, 1706, in-8, fig., 4 vol., v. br.

1191. Aureliæ urbis memorabilis ab anglis obsidio, anno 1428, et Joan. Viraginis Lotharingæ res gestæ, auth. Jo. Lod. Micquello. *Aureliæ*, 1560, pet. in-8, v. gr., fil. (Piq.)

1192. Histoire mémorable de la vie de Jeanne d'Arc, appelée la Pucelle d'Orléans (par J. Masson). *Paris*, 1612. = Histoire du roi Louis le douzième, père du peuple, par Cl. de Seissel. *Paris*, 1687, pet. in-8, v. m.

1193. Histoire de Jeanne d'Arc, vierge, héroïne et martyre d'État, par Lenglet Dufresnoy. *Paris*, 1753, in-12, 3 part. en 2 vol., v. m.

1194. Jeanne d'Arc, ou coup d'œil sur les révolutions de France au temps de Charles VI et de Charles VII, et surtout de la Pucelle d'Orléans, par M. Berriat Saint-Prix. *Paris*, 1817, in-8, cart., v. gr., dent. — Éloge historique de Jeanne d'Arc, par Guilbert. *Rouen*, an XI, in-8, d.-rel., dos de v. — Éloge historique et religieux de Jeanne d'Arc, par l'abbé Feutrier. *Orléans*, 1823, in-8, pap. vélin, d.-rel., dos de v.

1195. Jeanne d'Arc, recueil historique et complet, publié par Chaussard. *Orléans*, 1806, in-8, fig., 2 tom. en 1 vol., v. gr., dent.

1196. Histoire de Jeanne d'Arc, surnommée la Pucelle d'Or-

léans, par Lebrun de Charmettes. *Paris*, 1817, in-8 , fig. ,
4 vol., v. gr., dent.

1197. Histoire abrégée de la vie et des exploits de Jeanne d'Arc,
surnommée la Pucelle d'Orléans ; suivie d'une notice descriptive du monument érigé à sa mémoire à Domremy, etc.,
par M. Jollois. *Paris*, *P. Didot a.*, 1821, in-fol., pap. vél.,
fig., d.-rel., dos de mar. rou., non rog. *Purgold.*

1198. Mémoire pour servir à une nouv. histoire de Louis XII
(par M. Rœderer). *Paris*, *F. Didot*, 1819, in-8, v. f., ant.
Simier fils. — Louis XII et François Ier, ou mémoires pour
servir à une nouvelle histoire de leur règne, par Rœderer.
Paris, 1825, in-8 , pap. vél., 2 vol., v. gr., fil.

1199. Réunion de brochures concernant l'histoire de France
de 1563 à 1651, 5 cart. in-8, contenant un grand nombre
de pièces curieuses.

1200. Discours sur les causes de l'extrême cherté qui est aujourd'hui en France, et sur les moyens d'y remédier. *Paris*,
1574, pet. in-8 , v. gr.

1201. La fatalité de Saint-Cloud , près Paris. 1672 , in-16,
mar. rou., fil., tr. dor.

1202. Histoire du roi Henri-le-Grand, composée par Hardouin de Péréfixe. *Paris*, 1661, in-4 , v. br. — L'esprit de
la ligue, par Anquetil. *Paris*, 1771 , in-12, 5 vol., bas. m.

1203. Les mémoires de Martin du Bellay, seigneur de Langey.
Paris, 1575, in-8, v. ant. — Mémoires de la vie de Théo-
dore-Agrippa d'Aubigné, avec les mémoires de Fréd. Mau-
rice de La Tour, prince de Sédan, une relation de la cour de
France en 1700 par Priolo, et l'histoire de Mme de Mucy.
Amsterd., 1751, in-12, 2 tom. en 1 vol., v. gr. *No*

1204. Histoire du roi Henri-le-Grand, composée par Hardouin
de Péréfixe. *Paris*, 1776, in-12, v. éc., fil., tr. dor. —
Henri IV, peint par lui-même dans deux discours de ce
prince, l'un en 1594 et l'autre en 1596. *Paris* , impr. de
Monsieur, 1787. = Épître aux notables. *Paris*, *I. de M.*,
1787, in-8, pap. vél., d.-rel. — L'esprit d'Henri IV. *Paris*,
1775, pet. in-8, v. gr., fil., tr. dor.

1205. Histoire de la vie de Henri IV, par de Bury. *Paris*, 1766,
in-12, fig., 4 vol., v. m.

1206. Histoire des amours de Henri IV, avec diverses lettres
écrites à ses maîtresses, etc. *Leide*, *J. Sambix (Elzevir)*,
1663, pet. in-12, v. ant., fil., tr. dor. *Bibolet.*

1207. Satyre Ménippée, de la vertu du catholicon d'Espagne

et de la tenue des estats de Paris, augm. de notes par Verger, et d'un commentaire historique par Ch. Nodier. *Paris, Delangle*, 1824, in-8, gr. pap. vél., fig. sur pap. de Chine, 2 vol., d.-rel., dos de mar. viol., non rog.

1208. Le banquet et après-dînée du comte d'Arête, où il se traite de la dissimulation du roy de Navarre, et des mœurs de ses partisans (par Louis d'Orléans). *Paris, G. Bichon*, 1594, in-8, mar. rou., fil., tr. dor.

1209. Discours d'estat, ou la nécessité et les moyens de faire la guerre en l'Espagne même *(Mettayer)*. 1595. == Intimidations faictes par le duc de Sessa, ambassadeur du roy d'Espagne, pour destourner le pape de la bonne volonté qu'il avoit de recevoir Henry IV. *Paris*, 1594. == Propos et devis, en forme de dialogue, tenus entre le sire Claude Bourgeois de Paris et le sieur d'O. *Paris, Thierry*, 1591, in-12, d.-rel.

1210. Œuvres de Brantome. *La Haye*, 1740, pet. in-12, 15 vol., v. m.

1211. Journal du cardinal de Richelieu de 1630 à 1644, avec diverses autres choses remarquables qui sont arrivées en son temps. 1649, pet. in-12, 2 vol., v. br. — Bouclier d'état et de justice. *(Elzevir)* 1667, pet. in-12, vél. — Mémoires de l'abbé Arnauld, contenant quelques anecdotes de la cour de France depuis 1634 jusqu'à 1675. *Amsterdam*, 1756, pet. in-8, 3 parties en 1 vol., v. m.

1212. L'entrée triomphante de Louis XIV et de Marie-Thérèse d'Austriche dans la ville de Paris en 1660. *Paris*, 1662, in-fol., fig., mar. r., fil., tr. dor.

1213. Mémoires de M. L. D. D. N. (le duc de Nemours). *Cologne*, 1709, in-12, mar. rou., fil., tr. dor.

1214. Mélanges manuscrits : Amori di Ludovico XIV. — Vita del card. Mazarino. — Suoi documenti et instruzione politica al Ré. — Documenti cavati dall' universal scienza politica et alcune notizie moderne concernenti la Francia. Raccolte da G. Batta Malpeli. *In Roma*, 1710, in-4, bas.

1215. Les mémoires de Roger de Rabutin, comte de Bussy. *Paris*, 1696, in-4, 2 vol., v. br.

1216. De l'œil des rois et de la justice, par Ant. Loisel. *Paris, Abel Langelier*, 1695. == Amnestie, ou de l'oubliance des maux faits et reçus pendant les troubles, par le même, *Ib.*, 1695. == Homonœe, ou de l'accord et union des sujets du roi sous son obéissance, par le même. *Ib.*, 1695, pet. in-8, v. éc., fil., tr. dor.

1217. Copie des dépêches de la cour à Munster. 1745, in-fol.,
cart. *Manuscrit.*

1218. La cour, ses révolutions, avec le portrait des principaux
ministres qui ont été exilés sous le règne de Louis XV. *Cologne*, 1771, in-4, cart.

> Ce volume contient en outre diverses pièces manuscrites, dont :
> Il Turco novello della christianita. — Relacion de la muerte del
> rey Phelippe II. — De los primeros fundadores de Granada y de
> primer rey y nombre, etc.

1219. Vie privée de Louis XV, ou principaux événemens,
particularités et anecdotes de son règne. *Londres*, 1784,
in-12, 4 vol., mar. rou., fil., tr. dor.

1220. Mémoires de Marmontel. *Paris*, an XIII, in-12, 4 vol.,
v. rac., fil.

1221. Du gouvernement, des mœurs et des conditions en
France avant la révolution, par Sénac de Meilhan. *Hambourg*, 1795, in-8, d.-rel. — Considérations sur le gouvernement ancien et présent de la France, par d'Argenson.
Amsterdam, 1764, in-8, d.-rel.

3. HISTOIRE DE FRANCE DEPUIS LA RÉVOLUTION.

1222. Histoire de France pendant le xviiie siècle, par Lacretelle. *Paris*, 1808, in-8, 6 tom. en 3 vol., v. gr., fil.

1223. Considérations sur les principaux événemens de la révolution française, par Mme de Staël. *Paris*, 1818, in-8,
3 vol., v. f., fil., dos à nerfs.

1224. Précis historique de la révolution française, par Lacretelle : Assemblée législative. *Paris*, 1801, 1 vol. =Convention nationale. *Paris*, 1805, 2 vol. =Directoire. *Paris*,
1806, 2 vol. Les 5 vol. in-18, fig., v. éc., fil. — Almanach
historique de la révolution française pour l'année 1792, rédigé par J. P. Rabaut. *Paris*, in-18, pap. vél., fig. avant la
lettre, v. fil., tr. dor.

1225. De M. Lacretelle : Histoire de l'Assemblée constituante.
Paris, 1821, in-8, 2 vol., v. f., fil. *Simier fils.* — Histoire
de l'Assemblée législative. 1824, 1 vol. — Histoire de la
Convention nationale, 1825, 5 vol. — Histoire du Directoire. 1826, 2 vol. Ces 6 vol. in-8, br.

1226. Collection de mémoires relatifs à la révolution française. *Paris*, *Baudouin*, 1824, in-8, 19 vol., v. bl., fil., dos
à nerfs. (Guerre des Chouans, 4 vol. — Guillon, 2 vol. —

(104)

Thibeaudeau, 2 vol. — Carnot, 4 vol. — Du Hausset, 1 vol.
— Durand de Maillane, 1 vol. — Montpensier, 1 vol. —
Fréron, 1 vol. — D'Argenson, 1 vol. — Doppet, 1 vol. —
Rivarol, 1 vol. — Turreau, 1 vol. — C. Desmoulins, 1 vol.
— Cléry, 1 vol.)

1227. Recueil de brochures politiques en partie sur les États généraux. In-8, 14 vol., br. en cart.

1228. Recueil de brochures politiques anciennes et modernes. 26 vol. in-8 environ.

1229. Des États généraux et autres assemblées nationales. *La Haye*, 1788, in-8, 18 vol., d.-rel.

1230. Nouvelles observations sur les États généraux de France, par Mounier. 1789, in-8, d.-rel. — Plan de conduite pour les députés du peuple aux États généraux de 1789, par Brissot de Warville. 1789, in-8, d.-rel. — La noblesse considérée sous ses divers rapports dans les assemblées générales et particulières de la nation, par Chérin. *Paris*, 1788, in-8, d.-rel.

1231. De la constitution française. *Amsterdam*, 1788, in-8, d.-rel. — Le citoyen conciliateur, contenant des idées sommaires, politiques et morales, sur le gouvernement monarchique de la France, par l'abbé de Lubersac. *Paris*, 1788, in-4, d.-rel. — Annuaire républicain, ou légende physico-économique, par Éleutérophile Millin. *Paris*, an ii, in-12, d.-rel.

1232. Mémoires historiques, critiques et politiques de la révolution de France, avec toutes les opérations de l'Assemblée nationale, par Hugou, ci-devant de Bassville. *Paris*, 1790, in-8, 4 vol., d.-rel. — Histoire politique de la révolution en France, ou correspondance entre lord D*** et lord T***. *Londres*, 1789, in-8, 2 vol., d.-rel.

1233. La France libre, par Desmoulins. 1789. = Précis historique de la révolution qui vient de s'opérer en Hollande. *Paris*, 1788. = Recherches curieuses et instructives sur les États généraux. *Amsterdam*, 1788. = Théorie des États généraux, ou la France régénérée. *Paris*, s. d., in-8, v. gr., fil. — Qu'est-ce que le tiers-état? (Par Syeies.) 1789. = Tableau de l'Europe en novembre 1795. *Londres*, in-8, d.-rel.

1234. Reflections on the revolution in France, by Edm. Burke. *London*, 1790, in-8, v. gr. — Antidote au congrès de Rastadt (par de Pradt). *Londres*, 1798, in-8, d.-rel.

1235 Reflections on the revolution of France, by Ed. Burke. London, 1820, in-18, 2 tom. en 1 vol., pap. vél., cart. à l'anglaise.

1236. Chronique de cinquante jours, du 20 juin au 10 août 1792, par Rœderer. *Paris*, 1832, in-8, br. — L'esprit de la révolution de 1789, par le même. *Paris*, 1831, in-8, br.— Comédies historiques, par le même. *Paris*, 1827, in-8, br.

1237. Récit de la conduite du régiment des gardes suisses à la journée du 10 août 1792, par le colonel Pfyffer d'Altishofen. *Genève, Cherbuliez*, 1824, in-4, fig., br.

1238. Mémoires historiques sur Louis XVII, par M. Eckard. *Paris*, 1818, in-8, v. f., ant., dent. *Simier fils*. — Mon témoignage sur la détention de Louis XVI et de sa famille, par Ch. Goret. *Paris*, 1825, in-8, d.-rel., dos de v.

1239. Lettres sur l'origine de la chouannerie et sur les chouans du Bas-Maine, par Duchemin de Scepeaux. *Paris, I. R.*, 1825, in-8, 2 vol., br. — Journal de l'adjudant-général Ramel. *Londres*, 1799, in-8, d.-rel.

1240. Chronique indiscrète du xixe siècle, esquisses contemporaines. *Paris*, 1825, in-8, d.-rel., dos de v. — De l'état de la France à la fin de l'an viii (par de Hauterive). *Paris*, an ix, in-8, d.-rel.

1241. Relation de la bataille de Marengo, rédigée par le général Al. Berthier. *Paris, I. I.*, 1806, in-4, pap. vél., fig., v. rac., dent., tr. dor.

1242. Mémoires pour servir à l'histoire de France sous Napoléon, par le comte de Montholon. *Paris, F. Didot*, 1823, 1 vol.; et par le général Gourgaud. *Ibid.*, 1823, 2 vol. Les 3 vol. in-8, v. bl., dent.

1243. Relation circonstanciée de la campagne de Russie en 1812, par Eug. Labaume. *Paris*, 1814, in-8, fig., v. gr., fil.

1244. Histoire de l'expédition de Russie, par le marquis de Chambray. *Paris, Pillet*, 1825, in-8, fig., 3 vol. et atlas, broch.

1245. Histoire de Napoléon et de la grande armée pendant 1812, par le comte de Ségur. *Paris, Baudouin*, 1825, in-8, pap. vél., fig., 2 vol., v. viol., dent., tr. dor. *Bibolet.*

1246. Manuscrit de mil huit cent treize, par le baron Fain. *Paris*, 1824, in-8, 2 vol., v. bl., dent., dos à nerfs.

1247. Mémorial de Sainte-Hélène, par le comte de Las Cases. *Paris*, 1823, in-12, 8 vol., d.-rel.

— 1248. Histoire des cent jours, ou le dernier règne de Napoléon, trad. de l'angl. de Hobhouse. *Paris*, 1819, in-8, d.-rel., dos de v. — Réflexions politiques sur quelques écrits du jour et sur les intérêts de tous les Français, par Chateaubriand. *Paris*, 1814. = Réflexions sur l'intérêt général de l'Europe, par de Bonald. *Paris*, 1815, in-8, d.-rel., dos de v.

— 1249. Pièces judiciaires et historiques relatives au procès du duc d'Enghien. *Paris*, 1823. = Extrait des mémoires du duc de Rovigo concernant la catastrophe du duc d'Enghien. *Paris*, 1823, etc., in-8, d.-rel. — Mémoires de Jos. Fouché, duc d'Otrante. *Paris*, 1824, in-8, 2 vol., v. bl., dent.

— 1250. De Fiévée : Histoire de la session de 1815, de 1816 et de 1817. *Paris*, *Lenormant*, 3 vol. — Correspondance politique et administrative, parties 6e et 7e et 9e à 15e. *Paris*, 1816, 2 vol. — Causes et conséquences des événemens du mois de juillet 1830. *Paris* 1830, 1 vol. Les 6 vol. in-8, d.-rel. et br.

— 1251. La coalition et la France (par M. de Salvandi). *Paris*, 1817, in-8, d.-rel., dos de v. — De la monarchie française au 1er juin 1821, par le comte de Montlosier. *Paris*, 1821, in-8, d.-rel., dos de v. — Projet de la proposition d'accusation contre le duc de Cazes, par Clausel de Coussergues. *Paris*, 1820. = Observations sur l'écrit précédent, par le comte d'Argout. *Paris*, 1820, in-8, d.-rel., dos de v.

— 1252. Du gouvernement de la France depuis la restauration, et du ministère actuel, par M. Guizot. *Paris*, 1820, in-8, d.-rel., dos de v. — Des moyens de gouvernement et d'opposition dans l'état actuel de la France, par M. Guizot. *Paris*, 1821, in-8, d.-rel., dos de v. — Recueil de brochures politiques, dont : De la dissolution de la Chambre des députés, par B. Constant, etc.; in-8, d.-rel., dos de v.

— 1253. Relation des fêtes données par la ville de Paris à l'occasion de la naissance et du baptême du duc de Bordeaux. *Paris*, 1822, in-12, pap. vél., mout. r., dent., tr. dor. — Voyage du roi au camp de Saint-Omer et dans les départemens du nord en 1827. *Paris*, I. R., 1827, in-8, br. — Histoire du sacre de Charles X dans ses rapports avec les beaux-arts et les libertés publiques de la France, par Miel. *Paris*, *Panckoucke*, 1825, in-8, fig., br.

— 1254. Tableaux historiques et chronologiques des faits d'armes de l'armée française en Espagne. *Paris*, *Cordier*, 1824, in-fol., pap. vél., en livraisons.

5. PROVINCES ET VILLES.

1255. Mémoires sur l'état général de toutes les provinces de France. 1698, 1700, in-4, 26 vol., v. f., régl. *Manuscrits.*

1256. Statistique générale et particulière de la France et de ses colonies, par une société de gens de lettres et publ. par Herbin. *Paris*, 1803, in-8, 7 vol., v. gr., fil. et atlas in-4, br. en cart.

1257. Archives statistiques de la France, par Al. Deferrière, *Paris*, 1804 et an XII, in-8, 2 vol., v. gr., fil., et le 3e d.-rel.—Analyse de la statistique générale de la France, par le même. *Paris*, 1804, in-8, 2 vol., v. gr., fil.

1258. Statistiques départementales, par divers auteurs; in-8, 7 vol., v gr., fil.

1259. Statistique générale de la France. Départ. de la Moselle, par le C. Colchen. *Paris*, *Imp. de la Rép.*, an XI, 1 vol. — Rhin et Moselle, par Boucqueau. *Ibid.*, an XII, 1 vol. —Indre, par Dalphonse. *Ibid.*, an XII, 1 vol.—Deux-Sèvres, par Dupin. *Ibid.*, an XII, 1 vol. — De la Lys, par C. Viry. *Ibid.*, an XII, 1 vol. — Doubs, par J. Debry. *Ibid.*, an XII, 1 vol. — Meurthe, par Marquis. *Ibid.*, an XII, 1 vol. — — Eure, par Masson de Saint-Amand. *Ibid.*, an XIII, 1 vol.; en tout, 8 vol. in-fol., pap. vél., cart., n. rog.

1260. Divers annuaires de départemens; 11 vol. in-8, in-12 et in-18, rel. et d.-rel.

1261. Atlas et description minéralogique de la France, par Guettard et Monnet. *Paris*, 1780, in-fol., 2 vol. br. en cart. (1re partie, 1 vol. de texte et 1 de cartes.)

1262. Les fastes, antiquitez et choses les plus remarquables de Paris, par Pierre Bonfons, Parisien. *Paris*, *P. Bonfons*, 1605, in-8, fig., v. br. (Mouillé.)—Les délices de la France, avec une description des provinces et des villes du royaume, par Fr. Savinien d'Alquié. *Amsterd.*, 1670, pet. in-12, fig., vél.

1263. Le théâtre des antiquitez de Paris, par le P. Jacq. du Breuil. *Paris*, 1639, in-4, v. br.

1264. Les antiquitez de la ville de Paris. *Paris*, 1640, in-fol., v. br.

1265. Histoire et recherches des antiquités de la ville de Paris, par H. Sauval. *Paris*, 1724, in-fol., 3 vol., v. br.

1266. Histoire de la ville de Paris, composée par M. Félibien. *Paris*, 1725, in-fol., fig., v. m.

1267. Histoire abrégée de la ville de Paris (par d'Auvigny et de la Barre). *Paris*, 1755, in-12, cartes, 5 vol., v. br. — Essais historiques sur Paris, par de Saint-Foix. *Paris*, 1776, in-12, 7 vol.. v. f., fil., tr. dor.

1268. Description de la ville de Paris, par Germ. de Brice. *Paris*, 1752, in-12, fig., 4 vol., v. m.

1269. Description historique de la ville de Paris et de ses environs, par Piganiol de la Force. *Paris*, 1765, in-12, fig., 10 vol., v. m.

1270. Description historique de Paris et de ses plus beaux monumens, par Béguillet. *Paris*, 1779, in-4, fig., 3 vol., v. gr., fil.

1271. Nouvelle description des curiosités de Paris, par Dulaure. *Paris*, 1791, in-18, 2 vol., v. gr., fil. — Paris et ses curiosités, avec une notice historique et descriptive des environs de Paris. *Paris*, 1804, in-12, 2 tom. en 1 vol., v. rac., fil.

1272. Paris et ses monumens, mesurés, dessinés et gravés par Baltard, arch., avec des descriptions historiques par Amaury Duval. *Paris*, *Crapelet*, an XI, in-fol. max., fig. — Nouv. description des châteaux et parcs de Versailles et de Marly, par Piganiol de la Force. *Paris*, 1764, in-12, fig., 2 vol., bas. — Le Cicerone de Versailles. *Versailles*, 1804, in-12, d.-rel. — Description d'une partie de la vallée de Montmorency, par Leprieur. *Paris*, 1788, in-8, fig., d.-rel.

1273. Recherches statistiques sur la ville de Paris et le département de la Seine (par MM. Walckenaer et Fourie). *Paris*, *Imp. R.*, 1823 et 1826, in-4, 2 vol. br.

1273 bis. Les mêmes, pour 1823, pap. vél., v. f., ant., tr. dor.

1274. Essais sur l'histoire medico-topographique de Paris, par Ménuret de Chambaud. *Paris*, 1786, in-12, v. gr., fil. — Projets des embellissemens de la ville et fauxbourgs de Paris, par Poncet de la Grave. *Paris*, 1756, in-12, 3 part. en 1 vol., v. éc. — Description historique des curiosités de l'église de Paris, par C. P. G. *Paris*, 1763, in-12, fig., v. m.

1275. Histoire de la Sainte Chapelle royale du Palais, par Morand. *Paris*, 1790, in-4, pap. vél., fig., v. gr., fil.

1276. Description histor. de l'hôtel royal des Invalides, par

l'abbé Perau, avec les plans, coupes, etc., dessinés et grav
par Cochin. *Paris*, 1756, in-fol., fig., v. gr., fil.

1277. Remarques et anecdotes sur le château de la Bastille.
Paris, 1789. = La Bastille dévoilée. *Paris*, 1789. = Histoire d'une détention de 39 ans dans les prisons d'État, écrite
par le prisonnier lui-même (Latude). *Amsterd.*, 1787. =
Remarq. histor. sur la Bastille. *Londres*, 1789. = Voyage
à la Bastille le 16 juillet 1789, par Mich. de Cubières. *Paris*, 1789, in-8, fig., 4 vol., 3 vol. gr., fil., le 4e d.-rel.

1278. Mémoires intéressans pour servir à l'histoire de France
(description de Saint-Cloud), par Poncet de la Grave. *Paris*,
1789, in-12, fig., 2 vol., v. éc., fil., tr. dor.

1279. Mémoire qui fait la description historiq., généalog. et
chronolog. de Fontainebleau. 1716, in-4, mar. rou., fil.
Manuscrit.

1280. Histoire du duché de Valois. *Paris*, 1764, in-4, fig.,
3 vol., d.-rel.

1281. Histoire de Melun, plus, la vie de Bouchard, comte de
Melun, trad. du lat., et celle de Jacq. Amyot, recueillies par
Séb. Rouillard. *Paris*, 1628, in-4, v. br., fil.

1282. Description du départ. de l'Oise, par le C. Cambry.
Paris, Didot a., 1803, in-8, 2 vol., v. rac., fil. et atlas
in-fol. obl., d.-rel.

1283. Les origines de Clairmont, par J. Savaron. *Clairmont*,
1607, in-8, v. f., ant., fil. *Bibolet.*

1284. Histoire de la ville d'Amiens, par le P. d'Aire. *Paris*,
1757, in-4, fig., 2 vol., bas. m.

1285. Histoire des droits anciens et des prérogatives de la ville
de Saint-Quentin, par L. Hordret. *Paris*, 1781, in-8, d.-rel.
— Histoire du comté de Ponthieu, de Montreuil et de la ville
d'Abbeville, sa capitale (par de Vérité). *Londres*, 1767,
in-12, 2 vol., cart.

1286. Mémoires pour servir à l'histoire ecclésiast., civile et
militaire de la province du Vermandois, par L. P. Colliette.
Cambrai, 1771, in-4, 3 vol., v. m.

1287. Essai historique, topograph. et statistique sur l'arrondis-
sement communal de Boulogne-sur-Mer, par J. F. Henry.
Boulogne, 1810, in-4, cartes, fig., v. rac., fil.

1288. Histoire généalogique des Pays-Bas, ou Hist. de Cambray et du Cambresis, par J. Le Carpentier. *Leide*, 1664,
in-4, fig., 3 vol., bas. gr.

1289. Histoire générale et particulière de la ville de Calais et du Calaisis ou pays reconquis, précédée de l'histoire des Morins ses plus anciens habitans, par Lefebvre. *Paris*, 1766, in-4, fig., 2 vol., v. m. (Le commencement du tom. 1ᵉʳ est en très mauvais état.)

1290. Manuel historique du département de l'Aisne, par Devisme. *Laon*, 1826 et 1830, in-8, 2 vol. br.

1291. Histoire des antiquités de la ville de Soissons, par Lemoine. *Paris*, 1771, in-12, 2 vol., mar. vert, fil., tr. dor.

1292. Histoire civile et politique de la ville de Reims, par Anquetil. *Reims*, 1756, in-12, 3 vol., v. m.

1293. Histoire ecclésiastique et civile de Lorraine, par Dom Calmet. *Nancy*, 1728, in-fol., fig., 4 vol., v. f.

1294. Histoire de Metz, par des religieux bénédictins de la congrég. de S. Vanne. *Metz*, 1769, in-4, fig., 5 vol., d.-rel.

1295. Histoire ecclésiastique et civile de Verdun, par un chanoine. *Paris*, 1745, in-4, v. m.

1296. Essai sur le départ. de l'Aube, par Barante. *Genève*, an xi, in-8, br.

1297. Histoire des ducs de Bourgogne et de la maison de Valois, par M. de Barante. *Paris*, *Ladvocat*, 1824-26, in-8, 11 vol., br.

1298. Histoire des Séquanois et de la province de Bourgogne, par Dunod. *Dijon*, 1735, in-4, fig., 2 vol., v. p., fil.

1299. Histoire générale et particulière de Bourgogne, avec des notes, des dissertations, etc., par Dom Plancher. *Dijon*, 1776, in-fol., fig., 4 vol., bas. m.

1300. Mémoires concernant l'histoire ecclésiastique et civile d'Auxerre, par l'abbé Lebeuf. *Paris*, 1743, in-4, fig., 2 vol., v. f., fil.

1301. De vera Senonum origine christiana, adversus Johan. de Launoy, dissertatio, auctore D. Aug. Mathoud. *Parisiis*, 1687. == Catalogus archiepiscoporum Senonensium ad fontes historiæ noviter accuratus, auct. H. Mathoud. *Parisiis*, 1688, in-8, br.

1302. Recherches et Mémoires servant à l'histoire de l'ancienne ville et cité d'Autun, par J. Munier, revus par Cl. Thiroux. *Dijon*, 1660, in-4, v. br.

1303. L'illustre Orbandale ou l'Histoire ancienne et moderne de la ville et cité de Châlon-sur-Saône. *Imp. à Lyon*, 1662, in-4, fig., 2 vol., v. br.

1304. Histoire de la ville de Beaune et de ses antiquités, par l'abbé Gandelot. *Dijon*, 1772, in-4, fig., v. m.

1305. Histoire ecclésiastique, civile, politique, littéraire, etc., du diocèse de Langres et de celui de Dijon, par l'abbé de Mangin. *Paris*, 1765, in-12, 3 vol., mar. bl., fil., tr. dor.

1306. Mémoires historiques sur la ville et seigneurie de Poligny, par Chevalier. *Lons-le-Saulnier*, 1767, in-4, 2 vol., v. m.

1307. Découverte entière de la ville d'Antre en Franche-Comté. *Amst.*, 1709, in-12, 2 p. en 1 vol., v. br. — Mémoires pour servir à l'histoire de la ville de Pontarlier. *Bezançon*, 1760, in-8, v. m.

1308. Histoire et antiquitez de la ville et duché d'Orléans (par Fr. Le Maire). *Orléans*, 1548, in-fol., v. br.

1309. Antiquités du grand cimetière d'Orléans, par M. Jollois. *Paris*, 1831, in-4, pap. vél., en livr.

1310. Histoire de Blois, contenant les antiquitez et singularitez de ce comté, par J. Bernier. *Paris*, 1682, in-4, v. br.

1311. Histoire de la ville de Sancerrre, par Poupard. *Paris*, 1777, in-12, bas. m.

1312. Notice sur l'ancien royaume des Auvergnats et sur la ville de Clermont, par A. Delarbre. *Clermont*, an XIII, in-8, d.-rel.

1313. Tableau de la ci-devant province d'Auvergne, par Rabani, Beauregard et Gault. *Paris*, an X, in-8, gr. pap. vél., fig. color., v. gr., dent.

1314. Recherches pour servir à l'histoire de la ville de Lyon (par l'abbé Pernetty). *Lyon*, 1758, pet. in-8, 2 vol., d.-rel.

1315. Mémoires contenant ce qu'il y a de plus remarquable dans Villefranche, capitale du Beaujolois. *Villefranche*, 1671, in-4, fig., v. br.

1316. Statistique du département de l'Ain, par Bossi. *Paris*, 1808, in-4, pap. vél., d.-rel., dos de v.

1317. Histoire du Dauphiné et des princes qui ont porté le nom de Dauphins. *Genève*, 1722, in-fol., 2 vol., v. f., fil.

1318. Essai sur la statistique, l'histoire et les antiquités du département de la Drôme, par Delacroix. *Valence*, 1807, in-8, br.

1319. Mémoire statistique sur le département de Vaucluse, par Max. Pazzis. *Carpentras*, 1808, in-4, d.-rel., dos de v. — Introduction à l'histoire de la ville d'Avignon, par de Fortia Durban. *Paris*, 1805, in-8, v. rac., dent.

1520. Histoire générale de Provence (par Papon). *Paris, Moutard*, 1777, in-4, fig., 4 vol., v. gr., fil.

1521. Histoire de René d'Anjou, par le vicomte de Villeneuve Bargemont. *Paris*, 1825, in-8, pap. vél., fig., 3 vol. br.

1522. La chorographie ou Description de Provence et histoire chronologique du même pays, par Hon. Bouche. *Aix*, 1664, in-fol., 2 vol., v. gr.

1523. Titres de Provence. 1780, in-fol., d.-rel. (Tome 1er.) *Manuscrit.*

1524. Mémoire sur le projet de réunion des biens aliénés du domaine en Provence et sur les autres avantages que présente la confection du terrier de S. M. dans cette province. *Aix*, 1781, in-fol., mar. rou., fil., tr. dor. *Manuscrit.*

1525. Histoire de la ville et de l'église de Fréjus (par Girardin). *Paris*, 1729, in-12, 2 tom. en 1 vol., v. br. — Dissertation topographique sur la montagne des Cordes et ses monumens, par Anibert. *Arles*, 1779, in-12, d.-rel.

1526. Histoire générale de Languedoc, par deux religieux Bénédictins de la congrégation de S. Maur. *Paris*, 1730-1745, in-fol., fig., 5 vol., v. m.

1527. Essai historique sur les États généraux de la province de Languedoc. Description génér. et statist. du département de l'Aude, par le baron Trouvé. *Paris, F. Didot*, 1818, in-4, cart., fig., 2 vol. br.

1528. Statistique générale des départemens des Pyrénées ou des provinces de Guienne et de Languedoc, par du Mège. *Paris*, 1828, in-8, br. (Tome 1er.)

1529. Topographie de la ville de Nismes et de sa banlieue, par J. C. Vincens et Beaumes, publ. par Vincens Saint-Laurent. *Nismes*, 1802, in-4, fig., d.-rel.

1530. Histoire civile, ecclésiastique et littéraire de la ville de Nismes, par Ménard. *Paris*, 1750-1758, in-4, fig., 7 vol., bas. m., fil.

1531. Histoire de la ville de Montpellier, par Ch. d'Aigrefeuille. *Montpellier*, 1737, in-fol., fig., v. m.

1532. Histoire des comtes de Carcassonne, par G. Besse. *Béziers*, 1645, pet. in-4, v. m., tr. dor.

1533. Essai d'un état en détail de la province du Roussillon, pour l'administration des domaines; in-fol., cart. *Manuscrit.*

1534. Histoire de la ville de Toulouse, par J. Raynal. *Toulouse*, 1759, in-4, bas. m.

1335. Essais historiques sur le Bigorre, par Davezac-Macaya. *Bagnères*, 1823, in-8, 2 vol., br.

1336. Tableau historique du Rouergue, suivi de recherches sur des points d'histoire peu connus. *Rodez*, 1819, in-8, bas. (Avec un errata de la main de l'auteur.)

1337. Essais historiques sur le Rouergue, par le baron de Gaujal. *Limoges*, 1824, in-8, 2 vol., br.

1338. Description du département de l'Aveyron, par Alex. Mouteil. *Rodez*, an x, in-8. fig., 2 tom. en 1 vol., d.-rel., dos de v.

1339. Histoire politique, ecclésiast. et littéraire du Querci, par de Cathala-Coture. *Montauban et Paris*, 1785, in-8, 3 vol., d.-rel.

1340. Histoire véritable de tout ce qui s'est fait et passé en Guienne pendant la guerre de Bourdeaux. = Le Secret où les véritables causes de la détention et de l'élargissement des princes de Condé et Conty, et duc de Longueville. 1651. = Réponse de Mgr le Prince au sujet de sa détention. 1651. = Discours contre le libelle intitulé, le Manifeste des intentions de Mgr le Prince. 1654. Et autres pièces sur le même sujet; in-4, v. br.

1341. Mémoire sur la constitution politique de la ville et cité de Périgueux (par Bertin et Moreau de Vormes). *Paris*, 1775, in-4, fig., d.-rel.

1342. Histoire de la ville de La Rochelle et du pays d'Aulnis, par Arcère. *A La Rochelle*, 1756, in-4, fig., 2 vol., v. m.

1343. Histoire de Rochefort, conten. l'établissem. de cette ville, de son port et arsenal de marine, et les antiquitez de son château, par le P. Théodore. *Blois*, 1733, in-4, bas.

1344. Statistique du département de la Haute-Vienne, par L. Texier-Olivier. *Paris*, 1808, in-4, pap. vél., d.-rel., dos de v.

+ 1345. Historiæ Tutelensis libri III, auct. Steph. Baluzio. *Parisiis*, T. R., 1717, in-4, fig., v. gr. No. 6

1346. Abrégé de l'histoire de Poitou, par Thibaudeau. *Paris*, 1782, in-12, 6 vol., bas. — Errata de l'Abrégé de l'hist. de Poitou (par Allard de la Rénière). *En France*, 1783, in-12, 3 part. en 1 vol., d.-rel.

1347. Essais sur l'histoire de la ville de Loudun, par Dumoustier de La Fond. *Poitiers*, 1778, 2 part. en 1 vol., bas. m.

1348. Histoire de Bretagne, par Dom Gui Alexis Lobineau. *Paris*, 1777, in-fol., fig., 2 vol., v. br.

1349. Histoire ecclésiastique et civile de Bretagne, par Dom P. Hyac. Morice et Dom Ch. Taillandier. *Paris*, 1750-1756, in-fol., fig., 2 vol., v. m.

1350. Mémoires pour servir de preuves à l'histoire ecclésiast. et civile de Bretagne, par Dom Hyac. Morice. *Paris*, 1742, in-fol., 3 vol., v. m.

1351. Recherches historiques sur la Bretagne d'après ses monumens anciens et modernes, par Maudet de Penhouët. *Nantes*, 1814, in-4, fig., bc. (1re partie.)

+ 1352. Recherches économiques et statistiques sur le départ. de la Loire-Inférieure. *Nantes*, an XII, in-4, d.-rel. *(a)*.

1353. Voyage dans le Finistère ou état de ce département en 1794 et 1795. *Paris*, an VII, in-8, fig., 2 vol., d.-rel.

1354. Recherches historiques sur l'Anjou et ses monumens, Angers et le Bas-Anjou, par Bodin, député. *Saumur*, 1821, in-8, fig., 2 vol., v. ant., dent., fers à fr. *Simier*.

1355. Description de la ville d'Angers, par Péan de la Tuilerie. *Angers*, 1778, in-12, d.-rel. — Histoire d'Alençon (par Dubois). *Alençon*, an XIV, in-8, d.-rel.

1356. Histoire de Chartres et de l'ancien pays Chartrain, par V. Chevard. *Chartres*, an X, in-8, 2 vol., mar. rou., dent., tr. dor.

+ 1357. Les ducs de Normandie, par Guillaume de Jumiège, publié pour la première fois en français par M. Guizot, et suivi de Guillaume le conquérant, par Guil. de Poitiers. *Caen*, 1826, in-8, br. *An*.

1358. Annuaire statistique du département de la Seine-Inférieure pour 1823. *Rouen*, 1823, in-8, fig., 2 vol., d.-rel., dos de v. — Histoire de la ville de Rouen, suivi d'un essai sur la Normandie littéraire, par S*** (Servin). *Rouen*, 1775, in-12. 2 vol., v. m.

1359. Recueil des antiquitez et singularitez de la ville de Rouen, par F. N. Taillepied. *Rouen*, 1587, pet. in-8, v. m. (Mouillé.)

1360. Histoire de la ville de Rouen; par un solitaire. *Rouen*, 1731, in-4, 2 vol., vél. (Mouillés.)

1361. Notice sur l'incendie de la cathédrale de Rouen, le 15 décembre 1822, par H. Langlois. *Rouen*, 1823, in-8, fig., d.-rel., dos de v.

1362. Histoire, antiquités et description de la ville et du port du Havre, par l'abbé Pleuyri. *Au Havre*, 1796, in-12, bas.

— Histoire sommaire de la ville de Bayeux, par Beziers. *Caen*, 1773, in-12, v. m.

+ 1363. Histoire du château et de la ville de Gerberoy, de siècle en siècle, par J. Pillet. *Rouen*, 1679, in-4, v. br.

1364. Histoire civile et ecclésiast. du comté d'Evreux (par le Brasseur.) *Paris*, 1722, in-4, v. m.

1365. Description géographique et historique de l'isle de Corse, par Bellin. *Paris*, 1769, in-4, v. m.

§ II. HISTOIRE DE LA SUISSE, DE L'ITALIE, DE L'ESPAGNE ET DU PORTUGAL.

1366. Histoire des Suisses, par Mallet. *Genève*, 1803, in-8, 6 vol., d.-rel.

1367. Histoire de Genève, par Spon. *Genève*, 1730, in-4, fig., 2 vol., v. br. — Recueil de pièces concernant la constitution politique de Genève, en un vol. in-8, v. gr., fil.

1368. Delle antichita Italiche. *Milano*, 1793, in-4, fig., 3 vol., br. en cart.

1369. Descrittione di tutta Italia di F. Leandro Alberti. *In Venetia*, 1561. = Isole appartemente alla Italia del medesimo. *In Venetia*, 1561, pet. in-4, vél.

1370. Italia di Gio. Ant. Magini data in luce da Fabio suo figliuolo. *Bononia*, 1620, in-fol., cartes, bas.

1371. Delle rivoluzioni d'Italia libri XXV di C. Denina. *Venezia*, 1816, in-8, 6 tom. en 3 vol., v. rac., dent.

1372. Histoire des républiques italiennes du moyen-âge, par Sismonde Sismondi. *Zurich et Paris*, 1807-1818, in-8, 16 vol., v. rac., fil.

1373. Istoria della Italia occidentale di Carlo Denina. *Torino*, 1809, in-8, 6 tom. en 3 vol., v. f., fil.

1374. Relazione dell' origine della reale casa di Savoja da Marco Foscarini. In-fol., d.-rel. *Manuscrit*.

1375. Plan d'une statistique générale pour les six départemens du Piémont, par P. Laboulinière. *Turin*, an XI, in-8, d.-rel., dos de v. — Osservazioni sul dipartimento dell' Agogna da L. Lizzoli. *Milano*, 1802, in-8, d.-rel. — Riflessioni sulla grandezza e decadenza della republica di Genova. 1797, pet. in-8, v. gr., fil.

1376. Origine, e progressi del cittadino e del governo civile di Roma libri due di Emm. Duni. *In Roma*, 1763, in-8, 2 vol., d.-rel.

1577. The life and pontificate of Leo the tenth, by Will. Roscoe. *London*, 1806, in-8, 6 tom. en 3 vol., v. rac., dent.

1578. Pio sesto pontefice massino in Subiaco, tributo di Cesare Brancadoro. *Roma*, 1789, gr. in-4, pap. fort, v., tr. dor. — Memorie historiche dell' anticha e nobile citta d'Osimo di Luigi Martorelli. *In Venezia*, 1705, in-4, v. br.

1579. Il castello di Gorgoferusa et il monte di Feronia, ne' quali si contengono le cose d'arme fatte in Ferrara nel carnevale del 1561-1566. = Il tempio d'amore nel quale si contengono le cose d'arme fatte in Ferrara nelle nozze del duca Alphonso. 1566, in-4, d.-rel.

1580. Le vicende di Milano durante la guerra con Federigo I°, con note e aggiuntavi la topographia antica della stessa citta. *In Milano*, 1778, in-4, fig., v. gr., fil.

1581. Stemma della citta d'Udine metropoli del Fricili. 2 cartes gr. in-fol., cart. — Fondazione della chiesa di Aquileia. Dissertazione storico-critica del padre F. Carlo-Giuseppe di San-Fiorano. *Milano*, 1757, pet. in-4, vél.

1582. Thomæ Dempsteri de Etruria regali libri VII, curante Thoma Coke. *Florentiæ*, 1723, in-fol., fig., 2 vol., v. rac., fil.

1583. Storia della Toscana sino al principato con diversi saggi sulle scienze, lettere e arti di Lorenzo Pignotti. *Pisa*, 1815, in-12, 10 vol. — Elogio storico philosophico di L. Pignotti da Aldob. Paolini. *Pisa*, 1817, in-12, 1 vol. Les 11 vol. v. ant., fil.

1584. Illustrations historical and critical of the life of Lorenzo de' Medici with original documens by Will. Roscoe. *London*, 1822, in-8, pap. vél., fig. color., v. bl., dent., fers à froid.

1585. Vie de Laurent de Médicis, trad. de l'anglais de Will. Roscoe par Fr. Thurot. *Paris*, an VIII, in-8, 2 vol., v. rac., fil.

1586. Governo della Toscana sotto il regno di S. M. Leopold II. *In Firenze*, 1790, in-4, d.-rel., vél. — Memorie storiche della citta' di Pistoia raccolte da Jac. Maria Fioravanti. *In Lucca*, 1758, gr. in-4, d.-rel.

1587. Justi Fontanini de antiquitatibus Hortæ coloniæ-Etruscorum libri III. *Romæ*, 1723, in-4, fig., v. m.

1588. Dissertazioni sopra l'istoria Pisana del caval. Flaminio del Borgo. *In Pisa*, 1761, in-4, 2 vol., d.-rel.

1589. Dello stato antico e moderna del fiume Arno e delle

cause o de' rimedi delle sue inondazioni da Ferd. Morozzi. *Firenze*, 1752, in-4, fig., 2 tom. en 1 vol., v. gr., dent.

1390. Memorie storiche modenesi col codice diplomatico illustrato con note dal cav. abate Girol. Tiraboschi. *In Modena*, 1793, in-4, 4 tom. en 2 vol., d.-rel.

1391. Storia del commercio e navigazione dei Pisani di Lor. Cantini. *In Firenze*, 1797, in-8, 2 tom. en 1 vol., v. gr., dent. — Istoria della cita, e regno di Napoli, di D. Franc. Capecelatro. *In Napoli*, 1724, in-8, 2 tom. en 1 vol., d.-rel.

1392. Dissertazioni istorico legali su l'antichita, sito ed ampiezza della nostra Liburia ducale, o siasi dell' agro, e territorio di Napoli in tutte le varie epoche de' suoi tempi..... In-4, bas., fil.

1393. Mémoires historiques, politiques et littéraires sur le royaume de Naples, par le comte Grég. Orloff, publ., avec des notes, par Am. Duval. *Paris, Chasseriau*, 1819, in-8, 5 vol., v. f., fil. *Simier fils.*

On a joint une lettre autographe du comte G. Orloff.

1394. Bibliotheca historica regni Siciliæ, sive historicorum qui de rebus siculis a Saracenorum invasione usque ad Aragonensium principatum illustriora monumenta reliquerunt ampliss. collectio, operâ et studio J. B. Carusii. *Panormi*, 1723, in-fol. 2 vol. vél.

1395. Histoire de la république de Venise, par Daru. *Paris*, F. Didot, 1819, in-8, 7 vol., v. f., ant. *Simier fils.*

1396. Squitinio della liberta Veneta. *Stamp. in Mirandola*, 1612, pet. in-4, d.-rel.

1397. Memorie storiche dello stato antico e moderno delle lagune di Venezia e di que' fiumi che restarono divertiti per la conservazione delle medesime, di Bernard. Zendrini. *Padova*, 1811, in-4, fig., 2 tom. en 1 vol., v. f., fil.

1398. Torelli Saraynæ de civitate Veronæ origine et interpretatione litterarum antiquarum libri VI, cum addition. Jos. Scaligeri. *Lugd.-Batav.*, s. a. = Tor. Saraynæ historiarum et gestorum Veronensium libri III, accessit J. J. Scaligeri epistola de vetustate et splendore gentis Scaligeræ. *Lugd.-Bat.*, s. a., in-fol., fig., d.-rel.

1399. Historia de las naciones Bascas, escritta en espanol por D. J. A. de Zamacola. *Auch*, 1818, in-8, 3 vol., br.

1400. Historia critica de Espana y de la cultura Espanola, obra compuesta y publicada en italiano por D. Juan Franc. de

Masdeu. *En Madrid*, 1785, pet. in-4, 19 tom. en **10 vol.**, v. rac., fil.

1401. Histoire générale de l'Espagne, depuis les temps les plus reculés jusqu'à la fin du dix-huitième siècle, par G. B. Depping. *Paris*, 1811, in-8, 2 vol., v. gr., fil. — Histoire des Cortès d'Espagne, par Sempere. *Bordeaux*, 1815, in-8, v. rac., dent.

1402. Histoire des révolutions de Portugal, par Vertot. *Paris*, *A. A. Renouard*, 1795, in-8, pap. vél., v. f., fil., dos à nerfs. *Simier*.

§ III. HISTOIRE DE LA HOLLANDE, DE L'ALLEMAGNE, DE L'ANGLETERRE ET DES PAYS DU NORD.

1403. J. B. Grammaye, Antiquitates Belgicæ et Flandriæ emendatiores et auctæ antiquitatibus Bredanis, acced. hac editione Nic. de Guyse mons Hannoniæ, Dav. Lindani Teneræmonda. *Lovanii*, 1708, in-fol., fig., 2 tom. en 1 vol., vél.

1404. Historia critica comitatus Hollandiæ et Zelandiæ, auctore Adriano Kluit. *Medioburgi*, 1777, in-4, fig., 2 vol., d.-rel.

1405. Annales Cliviæ-Juliæ-Montiæ Marchiæ, Ravensburgiæ antiquæ et modernæ, auct. et collect. M. Wern. Teschemacher. *Arnhemiæ*, 1658, in-fol., cartes, v. f., fil.

1406. Historia sacra et profana archiepiscopatus Mechliniensis, sive descriptio archi-diocesis illius : erecta studio ac opera Corn. Vern. Gestel. *Hagæ-Comitum*, 1725, in-fol., fig., 2 tom. en 1 vol., v. br.

1407. Histoire de la ville de Mons, ancienne et nouvelle, par J. G. de Boussu. *Mons*, 1725, in-4, fig., v. br.

1408. Histoire de Tournay, ou quatre livres des chroniques, annales, ou Démonstration du christianisme de l'évêché de Tournay, par J. Cousin. *Douay*, 1619, in-4, fig., vél.

1409. Alsatio illustrata celtica, romana, francica et germanica, gallica, auctor. J. Dan. Schoepflinus. *Colmariæ*, ex typ. reg., 1751-1761, in-fol., fig., 2 vol., v. m.

1410. Totius Germaniæ descriptio, à Fr. Irenico. *Francofurti ad Mœnum*, 1570, in-8, v. br.

1411. Lettre sur un ouvrage intitulé, Tableau de l'Empire d'Allemagne et de la littérature allemande, par un Anglais à Berlin, suivie d'un précis du traité sur la langue alle-

mande de M. Wezel, par l'abbé Kentzinger ; in-8, v. gr., fil.,
tr. dor. *Manuscrit*.

1412. De l'Allemagne, par la baronne de Staël. *Paris*, 1815,
in-12, 3 vol., d.-rel.

1413. De la ligue hanséatique, de son origine, ses progrès,
sa puissance et sa constitution politique jusqu'à son déclin
au 16ᵉ siècle, par Mallet. *Genève*, 1805, in-8., v. porp., fil. —
Mémoire de Hambourg, de Lubeck et de Holstein, de Dan-
nemark, de Suède et de Pologne, par Aubery du Maurier.
La Haye, 1737, pet. in-8, d.-rel.

1414. Chronologicarum rerum urbis Spiræ, Nemetum Au-
gustæ jam inde 1563, gestarum libri XVI, Guil. Eysengrein
autore. *Dilingæ*, 1564, pet. in-8, v. ant. — Statistique du
département de la Roer, par A. J. Dorsch. *Cologne*, an XII,
in-8, cart., br.

1415. A view of the reign of Frederick II, of Prussia ; with
parallel between that prince and Philip II of Macedon, by
John Gillin. *London*, 1789, in-8, v. rac

1416. Histoire des principaux événemens du règne de Guillaume II, roi de Prusse, par L. P. Ségur. *Paris*, 1800,
in-8, 3 vol., v. rac.

1417. The theatre of the Empire of Great Britain, presenting
an exact geography of the Kingdom of England, Scotland
and Ireland, etc., with a prospect of the most famous parts
of the World, by John Speed. *London*, 1676, gr. in-fol.,
fig. et cart., v. br.

1418. Angliæ notitia : of the present state of England, with
remarks upon the ancient state thereof, by Edw. Cham-
berlayne and his son. *London*, 1707, in-8, vél. — England delineated : or, a geographical description of every
county in England and Wales : with a concise account of
its most important produits natural and artificial. *London*,
1788, in-8, v. m.

1419. An history of England in a series of letters from a No-
bleman to his son. *Paris, Th. Barrois*, 1788, in-12, 2 vol.,
v. m.

1420. Constitution de l'Angleterre, par de Lolme. *Genève*,
1789, in-8, 2 vol., v. m. — La septennalité du Parlement
d'Angleterre, suivi des opinions de Tindal Smollet, Black-
stone, etc. *Londres, Treuttel et W.*, 1824, in-8, pap. vél.,
d.-rel., dos de v.

1421. Joan. Miltoni pro populo anglicano defensio contra

Claudii anonymi, alias Salmasii defensionem regiam. *Londini*, 1651, pet. in-12, v. bl., fil., tr. dor. — Britannia languens : or a discourse of trade. *London*, 1689, in-12, v. br.

1422. A history of the early part of the reign of James the second, by Ch. James Fox. *London*, 1808, gr. in-4, pap. vél., v. f., dent., tr. dor. *Simier.*

— 1423. Vie de Jacques II, par J. S. Clarke, trad. de l'angl. par J. Cohen. *Paris, Arth. Bertrand*, 1819, in-8, 4 vol., v. ant., fers à fr., dos à nerfs. *Bibolet.*

— 1424. Lettres écrites de Londres sur les Anglais et autres sujets par M. D. V***. *Basle*, 1734, pet. in-8, v. br. — État de l'Angleterre en 1822, trad. de l'angl, par MM. P. A. D. et J. D. *Paris*, 1822, in-8, d.-rel., dos de v.

— 1425. Description of the geol at Bury Saint Edmunds, to which are added designs for a prison, by John Orridge. *London*, 1819, in-4, pap. vél., br.

— 1426. Report from the select committee on the survey and valuation of Ireland. 1824, in-fol., br.

— 1427. Scotia illustrata, auct. Roberto Sibbaldo. *Edinburgi*, 1684, in-fol., fig., v. br.

— 1428. Essai sur les antiquités du Nord et sur les anciennes langues septentrionales, par Ch. Pougens. *Paris*, an vii, in-8, d.-rel.

— 1429. Histoire des révolutions de Suède, par Vertot. *Paris, A. A. Renouard*, 1795, in-8, pap. vél., 2 tom. en 1 vol., v. f., fil., dos à nerfs. *Simier.*

— 1430. La Scandinavie vengée de l'accusation d'avoir produit les peuples barbares qui détruisirent l'empire de Rome, par J. Grabert de Hemso. *Lyon*, 1822, in-8, d.-rel., dos de v. — Remarques histor. et critiq. sur l'histoire de Charles XII de Voltaire, par de la Motraye. *Paris*, 1752, in-12, v. f.

— 1431. General charta ofwer Stockolm med Malmarne. 1753, in-fol., cart.

— 1432. Islands Landnamabok, hoc est : liber originum Islandiæ, versione latina lectionib. variantib., etc., ex manuscriptis Legati Magnæani. *Hauniæ*, 1774, in-4, bas.

— 1433. Nials-Saga. Historia Niali et filiorum latinè reddita, cum adj. chronologia, variis textus Islandici lectionibus, earumque crisi, nec non glossario et indice rerum ac locorum, access. specimina scripturæ codicum membraneorum tabulis aneis incisa, sumptibus P. Frid. Suhmii et Legati Arna-Magnæani. *Hauniæ*, 1809, in-4, v. gr., dent.

1434. Egils-Saga, sive Egilli Skallagrimii vita, ex manuscriptis legati Arna-Magnæani, cum interpret. latina, notis, chronologia et tribus tabb. æneis. *Havniæ*, 1809, in-4, d.-rel.

1435. Orkeneyinga Saga, sive historia Orcadensium à prima Orcadum per Norvegos occupatione ad exitum seculi XII. Saga Hins Helga Magnusar eyia jarls, sive vita Sancti Magni, cum versione lat., varietate lectionum.... edidit Jonas Jonæus. *Hafniæ*, 1780, in-4, vél.

1436. Tableau de la Pologne ancienne et moderne par Malte-Brun. *Paris*, 1807, in-8. v. f., fil. *Bozerian jeune.* — Histoire et anecdotes sur la révolution de Russie en 1762 (par Rulhière). *Paris*, 1797, in-8, v v.

1437. Histoire de l'anarchie de Pologne et du démembrement de cette république, par Cl. Rulhière. *Paris, Desenne,* 1807, in-8, 4 vol., v. f., fil., tr. dor. *Bozerian jeune.*

1438. Histoire de l'ambassade dans le grand-duché de Varsovie en 1812, par M. de Pradt. *Paris*, 1815, in-8, d.-rel., dos de v. — Vie de Catherine II. *Paris, Buisson,* an v, in-8, portr., 2 vol., bas m.

1439. Histoire de Russie, par Levesque. *Paris*, 1782, in-12, 5 vol., v. m.

1440. Bellum scythico Cosaicicum, auct. Pastorio. *Dantisci,* 1652, pet. in-4, v. gr. fil. (Le titre manque.) — Histoire des Kosaques, par M. Lesur. *Paris, Nicolle,* 1814, in-8, 2 tom. en 1 vol., v. gr., fil.

§ V. HISTOIRE DE L'EMPIRE OTTOMAN. — HISTOIRE DE L'ASIE, DE L'AFRIQUE ET DE L'AMÉRIQUE.

1441. Franc. Antonii de Simeonibus, de bello Transylvanico et Pannonico libri VI. *Romæ*, 1713, in-4, v. f., fil. — Mémoires historiques du comte Betlem-Niklos, contenant l'histoire des derniers troubles de la Transylvanie. *Amst.*, 1736, in-12, 2 vol., v. f.

1442. Histoire politique de Bosnie de 867 à 1741, par Schimek. *Vienne*, 1787, in-8, v. rac., fil. *(En allem.)*

1443. Breviarium historiæ Turcicæ, exhibens vitas imperator. omnium, prælia inter Christianos et Tuscas omnia, quib. add. historia obsidionis Viennæ, anno 1685, aut. Dan. Hartnaccio. *Hamburgi et Holmiæ*, 1684, pet. in-4, vél.

1444. Chronological retrospect, or Memoirs of the principal events of Mahommedan history from the death of the Ara-

bian legislator to the accession of the emperor Akbar, and
the establishment of the moghul empire in Hindustaun,
from original persian authorities, by maj. Dav. Price. *London*,
1811, in-4, 3 tom. en 4 vol., v. f., dent., tr. dor. *Simier*.

1445. Historia orientalis ex variis orientalium monumentis
collecta, authore Jo. Henr Hottingero. *Tiguri*, 1660, pet.
in-4, v. br.

1446. The Principles of asiatic monarchies politically and his-
torically investigated, and contrasted with those of the monarchies of Europe, by Rob. Patton. *London*, 1801, in-8,
v. gr., fil.

1447. Historia compendiosa dynastiarum, authore Greg.
Abul-Pharajio arab. edita et lat. versa ab Edw. Pocockio.
Oxoniæ, 1663, in-4, v. br.

1448. Monumenta antiquissimæ historiæ Arabum, post Alb.
Schultensium collegit ediditque cum lat. versione et animadvers. Jo. Gott. Eichhorn. *Gothæ*, 1775, in-8, d.-rel.,
non rog.

1449. Historiæ Jemanæ, è codicè manuscripto arabico concinnata, edid. Car. Theod. Johaunsen. *Bonnæ*, 1828,
in-8, br.

1450. Description de l'Arabie, par Niebuhr. *Copenhague*,
1775, in-4, fig., v. éc., fil.

1451. Recueil de questions proposées à une société de savans
qui, par ordre de S. M. Danoise, font le voyage de l'Arabie,
par Michaelis, trad. de l'allem. *Francfort-sur-le-Mein*, 1763,
in-8, v. m.

1452. Persicarum rerum historia in XII libros descripta, auct.
Petro Bizaro. *Antuerpiæ, Chr. Plantinus*, 1583, in-fol., br.
en cart.

1453. Histoire philosophique et politique des établissemens
et du commerce des Européens dans les Deux Indes par Guill.
Thom. Raynal. *Genève*, 1783, in-8, fig., 14 vol., v. gr., fil.

1454. Histoire philosophique et politique des établissemens
et du commerce des Européens dans les Deux Indes, par G.
Th. Raynal. *Paris, Am. Costes*, 1820, in-8, 12 vol., v. f.,
fil., et atlas in-4, d.-rel., dos de v. *Simier fils*. — Histoire
philosophique et politique des établissemens et du commerce
des Européens dans l'Afrique septentrionale, ouvrage pos-
thume de G. T. Raynal, augm. par M. Peuchet. *Paris, Am.
Costes*, 1826, in-8, 2 vol., br.

1455. Histoire de Portugal, contenant les entreprises, navigations et gestes mémorables des Portugallois, tant en la conquête des Indes orientales qu'ès guerres d'Afrique depuis 1496, trad. du lat. de Jer. Osorius, Lop. Castagnede et aut. par S. G. S. (Simon Goulard). *Paris*, 1587, in-8, vél.

1456. The history of Hindostan transl. from the Persian, by Alex. Dow. *London*, 1702, in-8, 3 vol., fig., v. rac.

1457. Tracts political, geographical and commercial; on the dominions of Ava and the north western parts of Hindostaun, by Will. Francklin. *London*, 1811, in-8, v., dent., fers à fr. *Simier fils*.

1458. The Calcutta annual register for the year 1820. *Calcutta*, 1823, in-8, v. bl., dent., fers à fr.

1459. Histoire de Sumatra, par Will. Marsden, trad. de l'angl., par Parraud. *Paris*, 1788, in-8, 2 vol., v. m. — Description historique du royaume de Macaçar (par N. Gervaise). *Ratisbonne*, 1700, in-8, v. br.

1460. A Chinese chronicle : by Abdalla of Beyza, transl. from the persian with notes and explanations, by S. Weston. *London*, 1820, in-8, br. cart.

1461. Description générale de la Chine, par l'abbé Grosier. *Paris*, 1785, in-4, v. m. — Lettres au R. P. Parennin, jésuite, contenant diverses questions sur la Chine, édition rev. et augm. par Dortous de Mairan. *Paris*, I. R., 1770, in-8, bas. m.

1462. Histoire générale de la Chine, trad. du chin. par le P. J. A. M. de Moyriac de Mailla, publ. par l'abbé Grosier, et dirig. par Le Roux des Hautesrayes. *Paris*, 1777, in-4, fig., 12 vol., bas. m.

1463. Mémoires concernant l'histoire, les sciences, les arts, les mœurs, les usages, etc. des Chinois, par les Missionnaires de Pékin. *Paris*, 1776, in-4, fig., 16 vol., v. m. *No.*

1464. Nouveaux mémoires sur l'état présent de la Chine, par le P. Louis le Comte. *Paris*, 1697, in-12, fig., 3 vol., v. gr., fil., tr. dor. — Relation abrégée de la nouvelle persécution de la Chine, trad. de l'ital., par le P. Franç. Gonzalès de Saint-Pierre. 1714, pet. in-12, v. br. — Résumé de l'histoire de la Chine, par M. de S*** (Senancour). *Paris*, 1825, in-18, br. *No. 8*

1465. Portrait historique de l'empereur de la Chine, par le P. J. Bouvet. *Paris*, 1697, in-12, mar. rou., dent., tr. dor. Aux armes.

1466. Litteræ patentes imperatoris Sinarum Kang-Hi, sinicè

et latinè, cum interpretat. R P. Ign. Koegleri, ex archetypo
sinensi edid. addit. notitiis sinicis Christ. Th. de Murr. *Norimbergæ*, 1802, pet. in-4, v. rac., fil.

1467. Joan. Leonis Africani de totius Africæ descriptione libri
IX, in latin. ling. conversi Joan. Floriano interprete. *Antuerpiæ*, 1556, pet. in-8, v. rac., dent. (Piqué.)

1468. Abulfeda· Africa (arabicè), curavit Jo. Goth. Eichhorn.
Gottingæ, 1791. == Abulfedæ tabulæ quædam geographicæ
et alia ejusd. argumenti specimina è codd. biblioth. Lei-
densis, nunc primum arabicè edid. Frider. Theod. Rinck.
Lipsiæ, 1781. == Abdollatiphi compendium memorabilium
Ægypti, arabicè è codice manuscripto Bodleiano edidit D.
Jos. White, præfatus est Henr. Eberh. Gottlob. Paulus.
Tubingæ, Cotta, 1789, in-8, cart. non rog.

1469. Description de l'Afrique, par Utert. *Weimar*, 1825,
in-8, 2 vol., br. *(En allem.)*

1470. Histoire de l'Égypte depuis la conquête des Arabes jusqu'à celle des Français, par M. Marcel. *Paris*, 1834, in-8,
br. *(Arabe et français.)*

1471. Description de la Guinée, par H. Monrad. *Copenhague*,
1822, in-8, br. *(En danois.)*

1472. Description des îles Canaries, par Leop. de Buch. *Berlin*, 1825, in-4, pap. vél., cart. et atlas in-fol., d.-rel.

1473. Histoire de la guerre de l'indépendance des États-Unis
d'Amérique, par Ch. Botta, trad. de l'italien et précédée
d'une introduction par de Sévelinges. *Paris, Dentu*, 1812,
in-8, fig., 4 vol., v. gr., fil.

1474. The north Georgia Gazette and winter chronicle. *London, Murray*, 1821, in-4, pap. vél., br.

1475. Histoire géographique de la nouvelle Écosse. *Londres*,
1749. in-8, d.-rel.

VIII. BIOGRAPHIE.

§ Ier. BIOGRAPHIES GÉNÉRALES. — BIOGRAPHIES DIVERSES.

1476. Nouveau dictionnaire historique, par Chaudon et De-
landine. *Lyon*, 1804, in-8, 13 vol., v. rac., fil.

1476 *bis*. An universal biographical and historical dictionary,
collected by John Watkins. *London*, 1800, in-8, v. gr., fil.

1477. Imagines et elogia virorum illustr. et eruditor. ex anti-

quis lapidibus et nomismatibus expressa, cum annotationi-
bus ex biblioth. Fulvii Ursini. *Venetiis*, 1570, in-fol., port.,
v. br.

1478. Vies de plusieurs personnages célèbres, anciens et modernes, par M. C. A. Walckenaer. *Paris*, 1811, in-8,
2 vol., br.

1479. Les vies de Solon, de Thémistocle et de Périclès, extr.
de Plutarque (en grec). *Paris*, 1809, in-8, portr., d.-rel.—
Corn. Nepotis vitæ excell. imperatorum, edid. J. H. Bremi.
Turici, 1796, in-8, v. gr., fil.

1480. Corn. Nepotis vitæ excellent. imperator. cum notis var.,
edid. Aug. van Staveren. *Lugd.-Batav.*, 1773, in-8, vél.

1481. Corn. Nepotis vitæ excell. imperatorum, cum notis
lectissimis, curat J. S. Ith. *Bernæ*, 1779, in-8, v. gr., fil.

1482. Corn. Nepotis vitæ excell. imperatorum. *Parisiis, Renouard*, 1796, in-18, pap. vél., 2 tom. en 1 vol., v. f.,
dent., tr. dor.

1483. Corn. Nepotis vitæ excell. imperatorum cum animadversionibus Aug. van Staveren, curâ Theoph. Chr. Harless,
qui et suas et Joan. Kappii notas adjecit. *Erlangæ*, 1800,
in-8, v. gr., fil.

1484. Corn. Nepotis vitæ excell. imperatorum; ad exemplar
Bosii recudendas curavit, argumentis, notis, etc. illustrav.
Joan. Ch. Frid. Wetzel. *Lignitii*, 1801, in-8, 2 tom. en
1 vol., v. gr., fil.

1485. Corn. Nepos, edidit. F. R. Ricklefs. *Hanoveræ*, 1802,
in-8, v. gr., fil.

1486. Cornelii Nepotis vitæ excellent. imperatorum; edid.
Chr. H. Paufler. *Lipsiæ*, 1804, in-8, v. gr., fil. — Commentarius perpetuus in Corn. Nepotis excell. imperator.
vitas conscriptus à Car. Henr. Tzschucke. *Gottingæ*, 1804,
in-8, v. gr., fil.

1487. Les imposteurs insignes (par Rocoles). *Amst., P. Mortier*, 1696, petit in-12, v. m., fil.

1488. Second supplément au dictionnaire des athées, par
Jérôme Delalande. 1805, in-8, d.-rel., dos de v.

1489. Mélanges biographiques, recueil de notices, éloges, etc.;
in-8, 4 vol., demi-rel.

1490. Vie de Xénophon, suivie d'un extrait historique et rai-
sonné de ses ouvrages. *Paris*, an III, in-8, v. rac. — Pa-
rallèle entre César, Cromwell, Monck et Bonaparte (par
Lucien Bonaparte); in-8, d.-rel. — Histoire de César-Au-

guste, par C***. *Paris*, 1812, in-12, 2 tom. en 1 vol., d.-rel. — The lives of Cleopatra and Octavia (by S. Fielding). *London*, 1758 , in-12 , v. f.

1491. Vie de Julius Agricola, par Tacite , traduct. nouv., par des (Renaudes). *Paris*, 1797, in-12, bas. — Lettres sur la nouvelle traduction de Tacite, par M. L. D. L. B. (de la Blé-terie) avec un petit recueil de phrases élégantes, tirées de la même trad., pour l'usage de ses écoliers, par S. N. H. Linguet. *Amsterdam*, 1768, petit in-8, v. f.

1492. Galerie française, ou collection de portraits des hommes et des femmes qui ont illustré la France dans les 16e, 17e et 18e siècles , avec des notices et des *fac simile*, par une société d'hommes de lettres et d'artistes. *Paris, F. Didot*, 1821, in-4, pap. vél., 5 vol. en livraisons.

1493. Annuaire nécrologique, par Mahul. Années 1820 à 1826; in-8, 7 vol., d.-rel., dos de v. et br.

1494. Annales biographiques, ou complément annuel de toutes les biographies, etc. *Paris, Schubart et Heideloff*, 1828, in-8, br. (Année 1827 , 1re partie). — Biographie pittoresque des députés. *Paris, Delaunay*, 1820, in-8, portr., d.-rel., dos de v.

1495. The annual biography and obituary for the year 1824. *London*, 1824, in-8, d.-rel., dos de v. — The annual biography and obituary for the years 1826 and 1829. *London*, 1826-1829, in-8, 2 vol., cart. à l'angl. (Tom. 10 et 13).

1496. Political portraits in this æra; with explanatory notes historical and biographical, by Will. Playfair. *London*, 1813, in-8, 2 vol., br. en cart.

1497 Histoire du duc de Mercœur (par Bruslé de Montplein-champ). *Cologne, P. Marteau*, 1689, in-12, v. br.

1498. Vie de Louis Berton de Crillon des Balbes , surnommé le brave Crillon. *Paris*, 1825,, in-8, port., 3 vol. br.

1499. Mémoires de M. de Coulanges, publiés par M. de Mon-merqué. *Paris*, 1820, in-8, v. f., fil.

1500. Mémoires et correspondance de Mme d'Epinay. *Paris; Brunet*, 1818, in-8, 3 vol., v. f., fil.

1501. Mémoires de la comtesse de Genlis. *Paris, Ladvocat*, 1825, in-8, portr., 10 vol., br.

1502. Mémoires ou souvenirs et anecdotes, par le comte de Ségur. *Paris*, 1824, in-8, br., tom. 1 et 2.

1503. Gli atti e monumenti de' fratelli Arvali. *In Roma*, 1795, in-4, fig., 2 vol., v. rac.

1504. Elogio del Conde de Gausar, que en la real soc. de amigos del pais de Madrid, en 24 dec. de 1785, leyo D. Fr. Cabarrus. *Madrid*, 1786, in-4, v. gr., fil., tr. dor.

1505. Select biography, the life of sir Watler Ralegh. *London*, 1821, in-18, v. f., fil. — Some passages of the life and death of John Earl of Rochester, by Gilb. Burnet. *London*, 1680, in-8, v. br.—A compilation of various authentick evidences, and historical authorities tending to illustrate the life and character of Th. Egerton, etc., by Fr. H. Egerton; gr. in-fol., pap. vél., d.-rel.

1506. Memoirs of ***, commonly known by the name of Geng. Psalmonazar, a reputed native of Formosa, written by himself. *London*, 1764, in-8, v f., fil.

§ II. BIOGRAPHIES LITTÉRAIRES ET ARTISTIQUES.

1507. Cours de biographies de tous les auteurs grecs et latins, par Heinold. *Vienne*, 1800, in-8, d.-rel., dos de mar. r. (*En allemand.*) — Considérations politiques sur les gens d'esprit et de talent, tirées d'un ouvrage inédit de Sabatier de Castres, et publ. par L. Bonumvelle. *Paris*, an xii, in-8, d.-rel.

1508. Lives of the novelists by sir W. Scott. *Paris, Galignani*, 1825, in-12, 4 tom. en 2 vol., d.-rel., dos de v.

1509. Biographie des romanciers célèbres, par W. Scott. *Paris*, 1826, in-12, 4 tom. en 2 vol., d.-rel., dos de v.

1510. Les trois siècles de la littérature française, par Sabatier de Castres. *Paris*, 1781, in-12, 4 vol., bas. m.

1511 Lives of Scottish Poets; with portraits and vignettes. *London, Th. Boys*, 1822, in-12, pap. vél., v. rou., fil.

1512. Un vol. in-4, d.-rel., contenant les notices historiques lues à l'Institut, par Cuvier, sur Daubenton, Lemonnier, Lhéritier et Gilbert. — Éloges de Dumarsais, par M. de Gérando; — de Marmontel, par Morellet; — de M. de Beauvau, par de Boufflers; — de Boileau, par Auger, 1805; — de Barthélemy, par de Boufflers, 1806. == Notice sur le Tasse, et jugement sur l'Arioste, par Suard. == Vie de Milton, par Mosneron. 1804, in-8, cart. à la Bradel. —Un vol. in-8, d.-rel., dos de v. f., contenant des notices biographiques par M. Silvestre, sur Moreau de Saint-Merry, Petit de Beauverger, Palisot de Beauvois, de Perthuis, Parmentier, Béthune-Charost et Gilbert.

1513. Joan. Meursii athenæ Batavæ. *Lugd.-Batav.*, *Elzev.*, 1625, pet. in-4, portr., vél.

1514. Histoire de Cicéron, tirée de ses écrits et des monumens de son siècle (trad. de l'angl. de Middleton par l'abbé Prevost). *Paris*, 1745, in-12, 5 vol., v. gr.

1515. Nouvelles considérations historiques et critiques sur l'auteur et le livre de l'Imitation de Jésus-Christ, par Gence. *Paris*, 1832, in-8, d.-rel., dos de v. — Notice sur Bourdaloue, suivie de pièces inédites, par l'abbé Labouderie. *Paris, Gauthier*, 1825, in-8, d.-rel.

1516. Précis historique et littéraire sur Eustache Deschamps, poète du quatorzième siècle, par Crapelet. *Paris, Crapelet*, 1832, in-8, br.

1517. Joan. Frontonis memoria, disertis per amicos, virosque clariss. encomiis celebrata. *Parisiis*, 1663, pet. in-4, vél.

1518. Histoire de la vie et des ouvrages de Molière, par J. Taschereau. *Paris*, 1825, in-8, br.

1519. Histoire de la vie et des ouvrages de J. de La Fontaine, par M. Walckenaer. *Paris, Nepveu*, 1820, in-8, v. f., ant., dent., fers à fr. *Simier.*

1520. La même, pap. vél., mar. bl., dent., tr. dor. *Simier fils.*

1521. La même. *Paris, Nepveu*, 1821, in-18, pap. vél., 2 vol., mar. viol., dent. à comp., tr. dor.

1522. Hommages poétiques à La Fontaine; choix de pièces de vers composées en l'honneur de ce fabuliste, accomp. de notes par M. Le Bailly. *Paris, id.*, 1821, in-18, pap. vél., même reliure. *Simier.*

1523. Essai sur la vie, les écrits et les lois de Michel de l'Hôpital, par Bernardi. *Paris*, 1807, in-8, d.-rel., dos de v.

1524. De mes rapports avec J. J. Rousseau et de notre correspondance, suivi d'une notice par J. Dusaulx. *Paris, Didot jeune*, an VI, in-8, d.-rel. — Vie de Voltaire, par J. Mazure. *Paris*, 1821, in-8, d.-rel., dos de v. — Éloge de Dumarsais, par M. Degérando. *Paris*, an XIII, in-8, pap. vél., d.-rel.

1525. Éloge de Mme Geoffrin, suivi de lettres et d'un essai sur la conversation, etc., par Morellet. *Paris*, 1812, in-8, d.-rel., dos de v. — Essais de mémoires sur M. Suard. *Paris, P. Didot a.*, 1820. = Prophéties de Th. Jos. Moult; in-12, cart. à la Brad.

1526. Notice sur le caractère et les écrits de Mme de Staël, par Mme Necker de Saussure. *Paris, Treuttel et W.*, 1820, in-8, v. porph., fil., dos à nerf. *Simier fils.* — Essais de Mémoires ou lettres sur la vie, le caractère et les écrits de J. Fr. Ducis par M. Campenon. *Paris, Nepveu*, 1824, in-8, v. f., dent., dos à nerfs. *Bibolet.*

1527. Mémoires de Goldoni. *Paris*, 1777, in-8, 3 vol., v. éc. — Mémoires d'Hippolyte Clairon, et réflexions sur la déclamation théâtrale. *Paris*, an VII, in-8, v. gr., fil. — Mémoires de lady Hamilton ou choix d'anecdotes curieuses sur cette femme célèbre (par Picault). *Paris*, 1816, in-8, d.-rel., dos de v.

1528. Vita di Vittorio Alfieri scritta da esso. *Londra*, 1804, in-8, 2 tom. en 1 vol., v. gr., fil. — Mémoires de Gibbon recueillis et publ. par lord Sheffield, trad. de l'angl. *Paris*, an V, in-8, 2 vol., v. rac.

1529. The life of Samuel Johnson, with various original pieces of his composition never before published, by James Boswell. *London*, 1794, in-4, 2 vol., d.-rel.

1530. Account of the life and writings of Will. Robertson. *London*, 1804, in-8, v. gr., fil. — Notice sur la vie et les ouvrages du Dr Sam. Johnson, par J. P. Servois. *Cambray*, 1823, in-8, d.-rel., dos de v.

1531. Remarks critical and moral on the talents of L. Byron, and the tendencies of Don Juan. *London*, 1819, in-8, pap. vél., d.-rel., dos de v.

1532. Notices sur Corelli, Tartini, Gaviniès, Pugnani et Viotti, par Fayolle. *Paris*, 1810, in-8, portr., v. rac., fil.

1533. Las vidas de los pintores y estatuarios espanoles, por D. Ant. Palomino Velasco. *Londres*, 1742, in-8, v. m.

1534. Dictionnaire des graveurs anciens et modernes, par Basan. *Paris*, 1789, in-8, 2 tom. en 1 vol., v. gr., fil.

1535. Histoire de la vie et des ouvrages de Raphaël, par M. Quatremère de Quincy. *Paris*, 1824, in-8, v. rose, fil.— Éloge de Leclerc, dessinateur et graveur, par l'abbé de Vallemont. *Paris*, 1715, in-12, v. br.

1536. Notice pour servir à l'éloge de Perronet, ingénieur des ponts-et-chaussées, par Lesage. *Paris*, an XIII, in-4, pap. vél., fig., d.-rel., dos de mar. vert.

IX. HISTOIRE DES SCIENCES, DES ARTS ET DE LA LITTÉRATURE.

§. Ier. HISTOIRE DES SCIENCES ET DES ARTS.

1557. Lettres sur l'origine des sciences et sur celle des peuples de l'Asie, par Bailly. *Londres*, 1777, in-8, v. f. **Bonn.**

1558. Rapports historiques, par Cuvier, Delambre et Dacier, sur les progrès, depuis 1789, des sciences naturelles, des sciences mathématiques et de l'histoire et de la littérature ancienne. *Paris, I. I.*, 1810, in-8, 5 vol., br.

1559. Précis de l'histoire de l'astronomie, par le marquis de Laplace. *Paris*, 1821, in-8, v. f., fil. — Discours sur l'astronomie et le calcul des probabilités, par Condorcet. *Paris*, 1812, in-8, br. en cart.

1540. Histoire de l'astronomie moderne depuis la fondation de l'école d'Alexandrie jusqu'à 1730, par Bailly. *Paris*, 1785, in-4, fig., 3 vol., v. m. — Histoire de l'astronomie ancienne depuis son origine jusqu'à l'établissement de l'école d'Alexandrie, par Bailly. *Paris*, 1781, in-4, fig., v. m.

1541. Histoire de l'astronomie ancienne, par Delambre. *Paris, Courcier*, 1817, in-4, fig., 2 vol., v. f., dent. *Simier.*

1542. Histoire de l'astronomie du moyen-âge, par Delambre. *Paris, Courcier*, 1819, in-4, fig., v. f. dent. *Simier.*

1543. Dissertation sur l'origine de la boussole, par Azuni. *Paris*, an XIII, in-8, d.-rel., dos de v. — De usu astrolabii compendium, authore Joa. Mart. Poblacion. *Lutetiæ*, 1554, pet. in-8, d.-rel.

1544. Storia del commercio e della navigazione dal principio del mondo sino a' giorni nostri di Mich. de Jorio. *Napoli*, 1778, in-4, 4 tom. en 2 vol., v. f., fil.

1545. Essai sur l'histoire générale des mathématiques, par Ch. Bossut. *Paris*, 1802, in-8, 2 vol., v. rou., dent.

1546. Ensaio historico sobre a origem e progressos das mathematicas en Portugal, per Franc. de Borgia Garção-Stockler. *Paris*, 1819, in-8, d.-rel.

1547. Pétition au parlement britannique sur la spoliation d'un savant étranger par le bureau des longitudes de Londres, soumise par Hoëné Wronski. *Londres*, 1822. == Trois lettres à sir Humphry Davy sur l'imposture publique des savans à priviléges ou des sociétés savantes, par le même. *Londres*, 1822, gr. in-8, pap. vél., d.-rel.

1548. Des sciences occultes, ou essai sur la magie, les prodiges et les miracles, par M. Eusèbe Salverte. *Paris*, 1829, in-8, 2 vol., br.

1549. Storia pittorica della Italia dell' ab. Luigi Lanzi. *Bassano*, 1809, in-4, 6 vol., v. rou., dent., dos à nerfs.

§ II. HISTOIRE LITTÉRAIRE.—ACADÉMIES.—JOURNAUX SCIENTIFIQUES ET LITTÉRAIRES.

1550. Plan d'une histoire littéraire, par Ortloff. *Erlangen*, 1800, in-8, d.-rel., dos de v. *(En allemand.)* — Essais pour servir à l'histoire de la littérature, par Fr. Aretin. *Munich*, 1803, in-8, d.-rel., dos de v. *(En allemand.)*

1551. Histoire littéraire du treizième siècle, trad. de l'anglais de Berington par A. M. H. B. (Boulard). *Paris*, 1824, in-8, d.-rel., dos de v. — Coup d'œil sur l'état actuel de la littérature ancienne et de l'histoire en allemagne, par Ch. Villers. *Amsterd.*, 1809, in-8, d.-rel.

1552. Discours sur l'origine et les révolutions des langues celtique et françoise (par Duclos). *Paris*, 1780, in-8, cart. à la Bradel.

1553. Élémens de l'histoire de la littérature française jusqu'au milieu du dix-septième siècle, par de Charbonnières. *Paris*, 1818, in-8, v. f., dent., fers à froid. — Tableau littéraire de la France pendant le dix-huitième siècle, par M. Jay. *Paris*, 1810. = Le même, par Eusèbe Salverte. *Paris*, 1809, in-8, d.-rel., dos de v.

1554. Tableau historique de l'état et des progrès de la littérature française depuis 1789, par M. J. Chénier. *Paris*, 1816, in-8, v. m., dent. — De la littérature française pendant le dix-huitième siècle, par M. de Barante. *Paris, Ladvocat*, 1822, v. ant., fil.

1555. Memorias literarias de Paris : actual estado y methodo de sus estudios por D. Ign. de Luzan. *Madrid*, 1751, pet. in-8, d.-rel.

1556. Histoire littéraire de Genève, par J. Sennebier. *Genève*, 1786, in-8, 3 vol., d.-rel.

1557. Historical view of the litterature of the south of Europe : by Simonde de Sismondi, transl. with notes by Th. Roscoe.

London, 1823, in-8, pap. vél., 4 vol., v. f., dent., dos à nerfs.
Carroll.

1558. Histoire littéraire d'Italie, par Ginguené. *Paris*, 1814, in-8, 10 vol., v. rac., fil. *Doll.*

1559. Histoire de la littérature espagnole, trad. de l'allem. de Bouterweck (par Mme de Streck). *Paris*, 1812, in-8, v. gr., fil.

1560. Histoire de l'université de Paris, par Crévier. *Paris*, 1761, in-12, 7 vol., v. m.

1561. Regiæ scientiarum academiæ historia, auct. J. B. Du-hamel. *Parisiis*, 1698, in-4, v. br.

1562. Collection académique, composée de mémoires, d'actes, extraits d'ouvrages périodiques, etc., concernant l'histoire naturelle et la botanique, la physique expérimentale et la chimie, la médecine et l'anatomie; trad. en franç. et mise en ordre par une société de gens de lettres. *Dijon*, 1755-1779, in-4, fig., 13 vol., v. m.

1563. Des mémoires de l'institut : Sciences morales et politiques. *Paris*, an VI, in-4, 4 vol., d.-rel. — Sciences mathématiques et physiques. *Paris*, an VI, in-4, fig., 4 vol., d.-rel.

1564. Mémoires présentés par divers savans à l'Académie des sciences. *Paris*, I. R., 1827-1833, in-4, fig., 4 vol., br. en cart.

1565. Journal de l'École Polytechnique. *Paris*, I. R., 1823, in-4, br. (19ᵉ cahier, tom. 12.)

1566. Mémoires de la société d'agriculture du département de la Seine de 1788 à 1833. *Paris*, an IX-1833, in-8, 39 vol. in-8, br.
Manquent 1827 et 1832.

1567. Mémoires de la société d'émulation de Cambrai, années 1824 et 1825; in-8, 2 vol., br.

1568. Mémoires de l'académie impériale de Turin, pour les années 1805-1808. Sciences physiques et mathématiques. *Turin*, 1809, in-4, fig., d.-rel., dos de v.

1569. Memorias de litteratura portugueza, publ. pela acad. de Lisboa. *Lisboa*, 1792, pet. in-4, 5 vol., d.-rel., dos de v.

1570. The Asiatic journal and monthly register for british India and its dependencies. *London*, from january 1816, to december 1823 (vol. 1-16), in-8, 16 vol., d.-rel., dos de v.

1571. Journal des savans. *Paris*, I. R., 1819-1822, in-4,

4 vol., d.-rel., dos de v.; et années 1823 à 1834 inclus, en livraisons.

Il manque juin 1826, et mai 1833.

1572. Bulletin universel des sciences et de l'industrie, publ. par le baron de Férussac. *Paris*, années 1824 à 1831, in-8. Les deux premières années sont reliées en 35 vol. par ordre méthodique; les deux dernières, 24 vol. br.; le reste est en livraisons.

Il manque : Sciences géographiques, septembre 1828; — naturelles, juillet 1828, juillet, octobre, novembre 1829, avril 1830; — technologiques, janvier, février, décembre 1831; — militaires, février 1828; — mathématiques, décembre 1831.

1573. Revue européenne. *Paris*, 1824, 3 numéros formant 1 vol. in-8, fig., d.-rel., dos de v.

1574. The quaterly review. *London*, *John Murray*, from february 1817 (n° 31), to novemb. 1835 (n° 104), in-8, br. (Livraisons 31, 44, 55 à 78 incl., 78, 81 à 100, 102 à 104 incl. En tout 48 livraisons.)

1575. The Edinburgh review. *Edinburgh*, from june 1818 to february 1822, in-8, 7 vol., d.-rel., dos de v.; and from june 1822 (n° 72) to octobre 1834 (n° 121). 48 livraisons br. (Manquent les n°s 74 et 102.)

1576. A journal of natural philosophy, chemistry, and the arts, illustr. with engravings, by Will. Nicholson. *London*, 1797, in-4, 2 vol., br. en cart.

§ III. HISTOIRE DE L'IMPRIMERIE. — BIBLIOGRAPHIE.

1577. Éclaircissemens historiques et critiques sur l'invention des cartes à jouer, par l'abbé Rive. *Paris*, 1780, in-8, v. rac. dent.

1578. L'origine de l'imprimerie de Paris, par And. Chevillier. *Paris*, 1694, in-4, v. br. — Notizie bibliografiche intorno a due rarissime edizioni del secolo xv di Ang. Pezzana. *Parma*, *Bodoni*, 1808, gr. in-8, pap. vél., cart., non rog.

1579. Notice sur le premier ouvrage d'anatomie et de médecine imprimé en turc, à Constantinople, en 1820, intitulé : Miroir des corps dans l'anatomie de l'homme, etc., par T. X. Bianchi. *Paris*, 1824, in-8, fig., d.-rel., dos de v.

1580. Dictionnaire typographique, historique et critique des livres rares, etc., par Osmond. *Paris*, 1768, in-8, 2 vol., v. m. — Bibliographie instructive, ou traité de la connaissance des livres rares et singuliers, par G. Fr. Debure. *Paris*, 1768, in-8, 3 vol., v. m.

1581. Manuel du libraire et de l'amateur de livres, par **M. Bru**net. *Paris*, 1810, in-8, 3 vol., v. rac., fil.

1582. Dictionnaire des ouvrages anonymes et pseudonymes, par Barbier. *Paris*, 1806, in-8, 4 vol., v. rac., fil.

1583. Manuel de littérature classique, par W. David Fuhrmann. *Rudolfstadt*, 1809, in-8, 6 vol., cart. à la Bradel. *(En allemand.)*

1584. Annuaire de la littérature. *Vienne*, 1822-23, in-8, 5 vol., br. (Livraisons 20 à 24.) *(En allemand.)*

1585. Bibliothèque universelle des historiens. *Paris*, 1707, in-8, 2 vol., v. m.

1586. Catalogue des livres imprimés de la bibliothèque du roi. Théologie. *Paris, I. R.*, 1739, in-fol., 3 vol. — Jurisprudence. *Paris, I. R.*, 1753, tom. 1ᵉʳ. Les 4 vol. v. m., fil. *Aux armes.* — Catalogus codicum manuscriptorum biblioth. regiæ. *Parisiis, e typ. Reg.*, 1739, in-fol., 4 vol., v. m., fil. *Aux armes.*

1587. Catalogue des meilleurs livres et cartes géographiques anciennes et modernes, avec des remarques sur le choix et la bonté de leurs éditions. *Sans titre*, in-12, 2 part. en 1 vol., v. m. — Catalogue des livres de la bibliothèque de feu M. Pâris de Meyzieu. Paris, 1779. in-8, v. gr. (Avec les prix.) Catalogue des livres rares et précieux de M*** (Mel de S. Céran), par Guill. de Bure. *Paris*, 1780, in-8, v. gr. (Avec les prix.)

1588. Catalogue des livres en très petit nombre qui composent la bibliothèque de M. Mérard de Saint-Just. *Paris, Didot ainé*, 1783, in-18, v. gr., fil.

Tiré à 25 exemplaires.

1589. Catalogue des livres de la bibliothèque du duc de La Vallière, 1ʳᵉ partie, par Guill. Debure. *Paris*, 1783, in-8, 3 vol., v. m. — Catalogue de livres rares (de M. Lecamus de Limare), par Guill. Debure. *Paris*, 1786, in-8, bas. m. (Avec les prix.) — Catalogue des livres, la plupart rares et précieux faisant partie de la bibliothèque de M. le marquis de Ch*** (Chateaugiron). *Paris, Merlin*, 1827, in-8, gr. pap, vél., d. rel., dos de v. à nerfs.

1590. 18 vol. de divers catalogues de livres.

X. EXTRAITS ET MÉLANGES. — COLLECTIONS.

1591. Caii Julii Solini rerum memorabilium collectanea. *Parmæ*, 1480, pet. in-4, v. gr., fil. (Le premier feuillet manq.)

1592. Choix d'histoires tirées de Bandel, de Belleforest, de Boistuau, etc., par Feutry. *Paris*, 1753, pet. in-12, 4 tom. en 2 vol., v. m.

1593. Histoires plaisantes et ingénieuses, recueillies de plusieurs bons auteurs grecs, latins, espagnols et françois (par le P. Jacq. Rinald). *Paris*, 1675, in-8, v. f., fil., tr. dor.

+1594. Dialogos de varia historia, autor Pedro de Mariz. En Coimbra, 1598, pet. in-8, fig., v. f.

1595. Nouveau dictionnaire d'anecdotes, ou l'art de se désennuyer. *Paris*, 1783, in-12, 2 vol., v. éc., fil. — Dictionnaire d'anecdotes, de traits singuliers, etc. *Paris, Lacombe*, 1787, in-12, 2 vol., v. éc., fil.

+1596. Les souvenirs de Félicie L***, par Mme de Genlis. *Paris*, an XII, 1 vol. —Suite. *Paris*, 1807, 1 vol. Les 2 vol. in-12, v. rac., fil. — L'écho des salons de Paris depuis la restauration. *Paris, Delaunay*, 1814, in-12, 3 vol., d.-rel.

1597. Singularités anglaises, écossaises et irlandaises, ou Recueil d'anecdotes, etc. *Paris*, 1814, 2 tom. en 1 vol., d.-rel. —Choix d'anecdotes amusantes, tirées de l'histoire littéraire de la France, en allem. et en franç., par L. M. *Paris, Cherbuliez*, 1830, in-12, 2 vol., br.

1598. De la collection publiée par Cazin, avec le titre de Londres 1782 à 1788 in-18 : Pensées de Bernard ; 1 vol.—Chaulieu ; 2 vol. — Deshoulières ; 1 vol. — Du Boccage, 2 vol. — Considérations sur les mœurs, par Duclos ; 1 vol. — Œuvres de Fontenelle, 6 vol. — Gresset ; 2 vol. — Gessner ; 3 vol. — Lafare ; 1 vol. — Labruyère ; 3 vol. — La Fontaine ; 1 vol. — Malherbe ; 1 vol. — Phocion, par Mably ; 1 vol.—La Dunciade de Palissot ; 1 vol.— Pensées de Pascal ; 1 vol. — La religion de Racine ; 2 vol. — Régnier ; 2 vol. Richardet ; 2 vol. — J. B. Rousseau ; 2 vol. — Pensées de Rousseau ; 2 vol.—Poésies satyriques du 18e siècle. 2 vol.— Chefs-d'œuvre de Pope ; 1 vol.—Choix de poésies, trad. du grec, du latin et de l'italien, par E. T. S. D. T. (Simon de Troye) ; 2 vol. Les 42 vol., v., fil. et v., tr. dor. — Poésies de Dorat ; 3 vol., mar. r., fil., tr. dor.

1599. De la même collection : Inferno, Purgatorio, Paradiso, di Dante, 3 vol. — Orlando furioso di Lodov. Ariosto, 5 vol. — Filli di Sciro di Bonarelli, 1 vol. Les 9 vol., v. éc., fil., tr. dor. — La Gerusalemme liberata ed Aminta di Tasso, 3 vol.—La secchia rapita, 1 vol.—Il pastor fido di Guarini, 1 vol. — Il Fodero poema di Colombo Giulio, 1 vol. Les 6 vol., v. f., fil.

1600. Poeti italiani : La Gerusalemme liberata di T. Tasso. *Londra*, 1783, 2 vol. — Aminta. *Londra*, 1783, 1 vol.—Il Pastor fido di Guarini, 1 vol.—Orlando furioso di L. Ariosto. *Londra*, 1783, 4 vol. — Le rime di Fr. Petrarca. *Londra*, 1784, 2 vol. En tout, 10 vol. in-32, mar. bl., fil., tr. dor. (Renfermés dans une boîte de bois simulant 2 vol. in-8.)

1601. Bibliothèque des meilleurs poètes italiens imprimée par Couret de Villeneuve : Poesie dramatiche di Apostolo Zeno, 1785, 11 vol. — Orlando furioso, 1785, 3 vol. — Italia liberata, 1787, 2 vol. — Ricciardetto, 1785, 2 vol. — Il Petrarcha, 1787, 1 vol. — Il pastor fido, 1787, 1 vol. — La secchia rapita, 1788, 1 vol. En tout, 21 vol. in-8, d.-rel.

1602. Collection des classiques imprimés par Didot aîné pour l'éducation du Dauphin; Racine, 5 vol. — Boileau, 3 vol. — Fables de La Fontaine, 2 vol. — Télémaque, 4 vol. — Discours sur l'hist. universelle, 4 vol., 18 vol. in-18, pap. vél., mar. bl., dent, tr. dor., doub. de moire rose. *Bozerian jeune.*

1603. De la collection des ouvrages imprimés à Parme, chez Bodoni, de 1792 à 1800 : Triphiodorus (græcè et lat.) in-4, 1 vol.—Precetti per ben dirigere uno stato, volgarizzati dal testo greco di Plutarco da G. F. S.; in-4, 1 v.—Saggio sopra l'epigramma italiano di Vinc. Comaschi. 1792, gr. in-8, br. en cart. — Omaggio poetico di Euforbo Melesigonio; pet. in-4, 1 vol. — Lettera di Stefano Arteaga, à G. B. Bodoni; pet. in-4, 1 vol. — Disgrazie di donna Urania ovvero degli studi femminili; pet. in-4, 1 vol. — Giornata villereccia, poemetto di Cl. Bondi; pet. in-8, 1 vol.—Cantate di Clem. Bondi; pet. in-4, 1 vol. — Amori (di Savioli); in-4, 1 vol. — Il matrimonio, sonnetti XII morali di Clem. Bondi; in-4, 1 vol. — Poesie di Maria Luisa Cicci; pet. in-8, 1 vol. — Saggio di poesie di Camillo Maulandi; in-4, 1 vol.—Poesie di Giov. Gher. de Rossi; pet. in-8, 1 vol.— Lines address'd to Victory in consequence of the' success of

lord Cornwallis and his army against Tippoo Saïb, by miss
Knight (engl. and italian.) in-4, 1 vol. — Poems by Gray;
in-4, 1 vol. — The seasons, by James Thompson; gr. in-4,
1 vol. — La comedia nueva, comedia; su autor Inarco Celenio (Moratin), in-4, 1 vol. Les 16 vol. br. en carton et
non rog.

1604. De la même collection: Odi di Parini. 1791, in-18,
mar. bl., dent., fers à fr. à comp., doublé de moire, dent.,
tr. dor. — Savioli, Amori. *Crisopoli, con tipi Bodoniani*,
1795, in-16, mar. rou., dent., fers à fr., doub. de tabis.
— La Religion vengée, poème (par le card. de Bernis).
1795, pet. in-8, v. f., dent., tr. dor. — Poesie di Luigi
Lamberti. 1796, pet. in-8, d.-rel., d. de v. — Poesie di
Ipp. Pindemonte. 1800, in-18, v. ant., fers à fr. à comp.,
tr. dor. *Doll.*

ARTICLES OMIS.

1605. The book of Job literally translated from the original
hebrew, and restored to its natural arrangement with notes…
by J. Masson Good. *London*, 1812, in-8, pap. vél., v. rac.,
fil.

1606. Exposition de la doctrine de l'Eglise catholique sur les
matières de controverse, par Bossuet. *Paris*, 1781, in-12, v.
br. (Exemplaire ~~avec la signature de l'auteur et~~ une longue
note autographe de M. Adry.) — Des sacrés cœurs de Jésus
et de Marie, précédé de quelques observations sur la nouvelle édition du Bréviaire de Paris (par Tabaraud). *Paris*,
1823, in-8, d.-rel.

1607. Lex cimbrica antiquâ linguâ, variis lectionibus, versione latina, animadversionibus et interpretamentis illustrata, autore P. Kofod Ancher. *Hafniæ*, 1783, in-4, v. vert, fil.

1608. Apothéoses et imprécations de Pythagore (par Ch.
Nodier). *A Crotone (Besançon*, 1808), in-4, pap. vél.,
v. rac., dent.
    Tiré à 17 exemplaires, n° 6.

1609. The complaint: or night thoughts, by Edw. Young.
London, 1817, in-12, pap. vél., fig., v. f., ant.

18

1640. Speculum omnium statuum totius orbis terrarum, auctore Rodrigo episcopo Zamorensi, cui ob simil. materiam adjunct. Macabri speculum mortificinum. *Hanoviæ*, 1613, in-4, v. br.

1611. Etat des étoiles fixes au second siècle, par Cl. Ptolémée, comparé à la position des mêmes étoiles en 1786, avec le grec et la traduct. franç., par l'abbé Montignot. *Strasbourg*, 1787, gr. in-4, d.-rel.

1612. Observation et description des étoiles, par Cl. Ptolémée, trad. avec des éclaircissemens, par Bode. *Berlin*, 1795, in-8, v. gr., fil. *(En allem.)*

1613. Nouvel atlas céleste, par Goldbach, revu et augmenté d'une introduction, par de Zach. *Weimar*, 1803, in-4 obl., v. rac., fil. *(En allem.)*.

1614. Sethi Calvisii elenchus calendarii gregoriani editus opera Dav. Origani. *Francof.-Marchionum*, 1612, pet. in-4, parch.

1615. Flore Parisienne, ou description des caractères de toutes les plantes qui croissent naturellement aux environs de Paris, par L. B. F***. *Paris*, an ix, in-18, v. rac., fil. —Tableau de l'école de botanique du Jardin des Plantes de Paris, par un Botaniste. *Paris*, 1800, in-8, d.-rel.

1616. Mirifici logarithmorum canonis descriptio ejusque usus auth. Joa. Nepero. *Edinburgi*, 1614, pet. in-4., vél.

> Rarissime. Édition originale de l'ouvrage où Neper a consigné son invention des logarithmes. Le suivant n'est pas moins rare.

1617. Rabdologia seu numeratio per virgulas, auct. Joh. Nepero. *Londini*, 1617, pet. in-12, vél.

1618. Essai sur les probabilités de la durée de la vie humaine, par Deparcieux. *Paris*, 1746, in-4, v. m.

1619. Théorie des fleuves, avec l'art de bâtir dans leurs eaux, et de prévenir leurs ragages, par Silberschlag, trad. de l'all. par d'Au.... *Paris*, 1769, in-4, v. m.

1620. A grammar of the malayan language, with introduction and praxis, by W. Marsden. *London*, 1812, gr. in-4, pap. vél., v. j., fil.

1621. A dictionary of the malayan language, by W. Marsden. *London*, 1812, gr. in-4, pap. vél., v. j., fil.

1622. Traductione duna historia di due amanti composta dalla felice memoria di papa Pio II° (per Al. Braccio); in-4, rel. en cart.

> Édition italienne du roman d'Eneas Sylvius, lettres rondes, 15e siècle, sans suscription, exemplaire piqué et taché.

1623. La Pyrénée, et pastorale amoureuse, par Fr. de Belleforest. *Paris*, 1571, pet. in-8, v. gr., fil., tr. dor. (Rac-
commodé à la fin). — Le Sireine de mess. Honoré d'Urfé.
Paris, 1611, pet. in-8, vél.

1624. Les amours de Psyché et de Cupidon, par de La Fontaine.
Paris, *Cl. Barbin*, 1669, in-8, mar. bl., dent., fers à fr.,
tr. dor. *Simier*. (Lavé).

> On a joint à cet exemplaire le portrait de La Fontaine gravé par
> Ficquet.

1625. La fiammette amoureuse de Jean Boccace, faicte française et italienne, par G. C. D. T. (Gab. Chappuis de Tours).
Paris, 1585, pet. in-12, v. gr. — La Circé de Gio.-Bapt.
Gello, nouvellem. mise en franç., par Duparc. *Lyon*, 1550,
pet. in-8, v. gr., dent., réglé.

1626. La Circé de J. B. Gelli, trad. en franç. *Paris*, 1681,
in-12, v. br. — Nimfale Fiesolano nel quale si contiene
l'innamoramento di Africo e Mensola poemetto, di Gio.
Boccaccio. *Parigi*, 1778, pet. in-12, bas., fil.

1627. Hau Kiou Choaan, or the pleasing history, a translation from the Chinese language. *London*, 1761, in-12, fig.,
4 vol., v. j.

1628. Amatory poetry, or the banquet of Venus and Bacchus :
a collection of the most esteemed pieces of sentiment and
humour. *London*, 1821, in-24, pap. vél., br. en carton.
— The english garden, a poem, by Mason, with a com-
mentary, by W. Burgh. *York*, 1785, in-8, v. j.

1629. Naufragio e lastimoso successo da perdiçao de Manoel
de Sousa de Sepulveda e de dona Lianor de Sa, composto
em verso heroico por Jer. Corte real. *Lisboa*, 1783, in-12, bas.

1630. Jani And. Hultmanni miscellaneorum epigraphicorum
liber singularis. *Zutphaniæ*, 1758, in-8, v. m. — Inscriptiones sex gentilitiæ ad Ludovicum xviii. *Parisiis*, *Didot
maj.*, 1816, in-fol. max., pap. vél., d.-rel.

1631. A collection of epitaphs and inscriptions ancient and
modern : distinguished either for their wit, humour and
singularity, etc. *London*, 1802, in-8, v. f., dent., dos
à nerfs.

1632. Censorini liber de die natali cum comment. II. Linden-
brogii et not. varior., et C. Lucilii satyrarum quæ supersunt reliquiæ, cum not. et animadvers. Fr. J. T. Douzæ, ex
recensione Sigeb. Havercampi. *Lugd.-Batav.*, 1767, in-8,

vél. — Joa. Harduini ad censuram scriptorum veterum pro-
legomena. *Londini*, 1766, in-8, d.-rel.

1633. Un vol. in-4, d.-rel., dos de v., contenant des discours,
des pièces de vers, des éloges couronnés par l'Institut de
1819 à 1822. — Mélanges philologiq. : lettres sur la gramm.
arménienne de M. Cirbied, par Zohrab. *Paris*, 1823. =
Les siècles de la monarchie française, par Ach. de Jouffroy
et Jorand. *Paris*, 1822. = Athenarum Panorama seu Græciæ
veteris encomium. = Considérations sur les nouvelles traductions des livres saints, par M. le baron Silvestre de Sacy,
etc.; in-8, d.-rel., dos de v.

1634. Chronicon ex chronicis ab initio mundi usque ad ann.
Dom. 1118, auct. Florentio Wigorniensi, mon. *Londini*,
1592, pet. in-4, d.-rel., dos de v.

1635. Jupiter, recherches sur ce dieu, sur son culte et sur les
monumens qui le représentent; ouvrage précédé d'un essai
sur l'esprit de la religion grecque, par M. Emeric David,
Paris, *Imp. Royale*, 1833, in-8, 2 vol., br.

1636. Compendio storico di memorie chronologiche concernenti la religione e la morale della nazione armena sud-
dita dell' impero ottomano dal march. Giov. de Serpos. *In
Venezia*, 1786, in-8, 3 vol., bas. gr.

1637. Corn. Tacitus qualem omni parte illustratum publicavit
J.J. Oberlin; edente Jos. Naudet. *Parisiis, colligebat Lemaire*,
1820, in-8, 6 vol. br.

1638. Arrian's history of Alexander's expedition, transl. from
the greek with notes, by Rooke. *London*, 1729, in-8,
2 vol, v., fil.

1639. Rufus Festus. *Venetiis*, 1488, pet. in-4, mar. rou.,
fil., tr. dor. (Le titre manque. Piqué.)

1640. Anacréon, recueil de compositions dessinées par Giro-
det et gravées par Chatillon, avec la traduction en prose des
Odes par Girodet, publ. par MM. Becquerel et Coupin.
Paris, 1825, gr. in-4. 9 livr. Complet.

1641. Sappho, recueil de compositions dessinées par Girodet
et gravées par Chatillon, avec une notice sur Sappho par
M. Coupin. *Paris*, 1827, gr. in-4. Complet.

TABLE DES DIVISIONS.

(187)

ORDRE DES VACATIONS.

1re Vac. *Vendredi 8 avril 1836.*

Belles-Lettres.	Nos 848 à 882
Histoire.	1441 à 1506

2e Vac. *Samedi 9.*

Belles-Lettres.	809 à 911
Sciences et Arts.	296 à 315
Histoire.	1255 à 1326

3e Vac. *Lundi 11.*

Sciences et Arts.	88 à 145
Belles-Lettres.	513 à 556

4e Vac. *Mardi 12.*

Belles-Lettres.	450 à 463
	690 à 714
Histoire.	969 à 1033

5e Vac. *Mercredi 13.*

Sciences et Arts.	146 à 178
Histoire.	1366 à 1402
Théologie.	1 à 35

6e Vac. *Jeudi 14.*

Histoire.	912 à 968
Belles-Lettres.	755 à 799

7e Vac. *Vendredi 15.*

Sciences et Arts.	36 à 87
Belles-Lettres.	800 à 847

8e Vac. *Samedi 16.*

Histoire.	1507 à 1556
Belles-Lettres.	557 à 630

9e Vac. *Lundi 18.*

Sciences et Arts.	376 à 402
Histoire.	1059 à 1113
Belles-Lettres.	631 à 649

10e Vac. *Mardi 19.*

Histoire.	1222 à 1254
	1577 à 1604
Belles-Lettres.	715 à 754

11e Vac. *Mercredi 20.*

Belles-Lettres.	883 à 898
	464 à 512
Histoire.	1403 à 1440

12e Vac. *Jeudi 21.*

Histoire.	1327 à 1365
Sciences et Arts.	179 à 240

13e Vac. *Vendredi 22.*

Histoire.	1175 à 1221
Sciences et Arts.	241 à 295

14e Vac. *Samedi 23.*

Sciences et Arts.	353 à 375
	316 à 352
Livres omis.	1616 à 1619
Histoire.	1537 à 1576

15e Vac. *Lundi 25.*

Histoire.	1034 à 1058
Belles-Lettres.	419 à 449
Livres omis.	1605 à 1615
Belles-Lettres.	403 à 418
Livres omis.	1620 à 1641

16e Vac. *Mardi 26.*

Belles-Lettres.	650 à 689
Histoire.	1114 à 1174

0	14	14	"	morelet
0	19	6	"	Lafayette
0	24	9	"	Jaubert
0	26	8	of	Jaubert
1	29	7	"	Jaubert
2	35	2	"	Morlaincourt
2	45	13	"	Morlaincourt
2	56	15	Su	Bonneval
5	59	5	of	Bonneval
	60	3	"	Bonneval
	62	10	"	Morlaincourt
	63	25	"	Morlaincourt
	66	10	Su	auisson ou Morlain
	67	2	Su	Morlaincourt
	68	3	"	auisson ou Morlaincourt
	72	3	45	Morlaincourt
	81	Edgeworth	6	30
	95	dialogue de Muyaulari	3	
108		2	"	Morlaincourt

148   35

q 110 . . . . . . 4 .. anisson ..
q 119 . . . . . . 7 So Lajarr .
q 123 . . . . . . 13 .. Neufville
q 128 . . . . . . 12 .. Neufville ...
q 131 . . . . . . 30 .. Neufville ...
q 132 . . . . . . 11 So Neufville
o 201 . . . . . . 9 .. Morelet
o 211 .. collection .. ...logy .. 21 ..
o 248 . . . . . . 20 So Roulin
q 297 . . . . . . 3 af noailles
q 306 . . . . . . 3 30 Bonneval
o 382 ...phal treaty . 5 ..
o 386 . . . . . . 4 30 Serrin
o ... . 50 .. Fontaine
q ... thunberg dissertat. 3 af
q 455 mines de l'orient 14 5o
q 457 ...ver, al. langue fr. 5 55
o 481 . 4 10 Lasayri ..
                                         anisson
o 484 . 2 .. Lasayri
o 487 . 3 .. Lalayri
   345 . 2 .. Eyriès
                       ____
                        234   75

494		10	"	novelet
507		11	"	Lafayue
513		5	30	Lafayud
518	aneus Sylving	2	50	
564		1	50	Schonen
576		12	"	Lafayus
579		50	50	Sary
591		17	"	Lejarrietie
592		55	"	Schonen
623	moptinais	5	95	
626		2	"	Chouen
627		2	"	Schonen
643	habert de Bizay	8	50	
649	malherbe	4	95	
690	oryle Sauge	4	.	
693		2	"	Dupty
694				
700		5	50	martancourt
704	putre	4	95	
705		2	50	martancourt
734		19	"	miller
762		2	"	Dupty
763	carole de martyn	3	.	

$$\overline{\qquad\qquad}$$

241 15

o 7.8   Camoens   18 ..
o 753   2   "   Mortaincourt
o 754   5   50   Mortaincourt
o [illegible]   3   "   Mortaincourt
o [illegible]3   vocal lyre   1   95
o 830   6   ..   Diffy
o 837   15   ..   [illegible]
o 887   17   50   [illegible]
o 888   6   ..   Mortaincourt
o 890   87   "   Mortaincourt
o 891   [illegible]   "   Mortaincourt
o 892   8[illegible]   "   Mortaincourt
o 912   15   ..   Bocanval
o 918   [illegible]   24   "
o 934   [illegible]   5   ..
o 937   16   "   Johannes
o 997 —   7   "   Eyriès
o 1002 ———   2   "   Eyriès
o 1017 ———— 6   50   Eyriès
o 1022 ———— 2   "   Taravey
o 1029 ———— 1   50   Eyriès
o 1030   3   "   Mortaincourt
o 973   geograph. album —— 2   50
                           305   55

1633 — — : 50 Assaysu
1034 — 3 .
1035 — 51 . Bonnival
1044 — 8 . Bonnival
1046 — 5 of Bonnival
1049 Bolland. Thysurny 20 .
1050 repart. S. Gesuu } 3 50
1051 }
1057 — 5 of Laravay
1062 10 50 Perrin
1065 — 3 40 Bardet
1067 5 of jambart
1069 2 80 Millot
1072 5 . . Bonnival
1477 40 50 martaincourt
1488 5 10 jambart
1189 7 . jambart
1190 13 50 jambart
1198 10 . jambart
1203 3 . noailles
1206 15 . Millot
1280 40 . mantour

257 95

o 1237	6	.. Jennessaux
o 1241	4	.. Jennessaux
o 1253	3	.. Morelet
~~1261~~	13	jo ~~—————~~
1 1273 bis	18	.. Lajarriette
1 1275	8	.. Noailles
1 1284	8	gs Rigollot
~~1292~~	4	gs ~~Mailler~~ Bardet
o 1308	4	Co Johanneau
o 1322	21	.. Noailles
o 1320	5	.. Jennessaux
o 1334	5	os {institut Bardet
o 1345	6	.. Noailles
o 1363	5	.. Noailles
~~o 1372~~	12	.. Mastvelu
~~o 1374~~	19	so Mastvelle
~~o 1391~~	10	so institut
~~o 1400~~	55	.. Tomaux
o 1403	12	.. Bigaut
o 1412	2	.. Trautt el
o 1437	7	.. Jaubert

251 00

440		5	"	Jaubert
464		7	"	Loiselle
468	achat f. d'un	2	15	
470		2	"	Eyriès
471				
497	rue des mercadeur	1		
532	Corelli	1	50	
537		3	"	Bonneval
538		4	"	Jaumestrang
542		20	"	Jaubert
545	Boffen, inst. matheans	3	50	
570	asiatic journal	30	-	
571	journal savans	50	-	
589		8	"	Mortaincourt
594		3	"	Témoins
596		5	50	Mortaincourt
606		1	"	Lefaurd
608		6	"	Duffy
616		5	50	Velat laccour à 12 r
629		1	10	Eyriès
632		4	"	institut

__168 25__

o 363		5	40	auisson
o 403	De Contrane	1	"	
o 404		4	"	Morlaincourt
o 407		1	20	
o 408		2	"	
414		18	"	jeuneffaus
		6	"	Morlaincourt
o 420				
o 422	Servy. Racing pr.	1	50	
o 425		2	50	Eynès
o 426		9	50	Leclere
o 437				
o 434		67	50	S. Vincent
o 442	Dict. languedocien	5 — 05		
o 443		3	50	morlaincourts
o 669		27	50	S. vincent
o 687		9	05	morelet
o 1116		4	50	Barde
o 1118		12	"	weldervuges
o 1124		50	"	iflune
o 1141	us nummaria	4	95	
o 1149		5	95	stevany

238 10

2463 ——————————— 9 50 nouvelles
167 ——————————— 15° . nouvelles

~~177~~ ———————

074 nouvel. tom. 14 .
235 Burke —— — 4 50 ...
346 maupertuis 2 « Espèces
1156 distinguer... — 6 « Sur titre
    2 vol. 9 of
26 les ... 3 . Par
135 Dauville 2 ..
280 ... 1 50
    police 19 95

1	148	35
2	234	7
3	241	15
4	305	55
5	25	95
6	251	.
	168	3
	738	10